Coppenraths
Atlas der Weltgeschichte

# Weltreiche und Entdeckungen

Simon Adams
Illustriert von Mark Bergin

COPPENRATH

ISBN 978-3-8157-7983-5



Published by arrangement with Kingfisher Publications plc
Veröffentlicht mit Genehmigung von Kingfisher Publications plc

Producing der deutschen Ausgabe:
Verlagsbüro Michael Holtmann, Bayreuth

Übersetzung:
Dr. Cornelia Panzacchi für Verlagsbüro Michael Holtmann

Gestaltung des deutschen Umschlags
unter Verwendung von Fotos aus dem Innenteil:
init.Büro für Gestaltung, Bielefeld



Printed in Taiwan

www.coppenrath.de

# INHALT

# Reiche und Entdeckungen

Um 1450, zu Beginn dieses Zeitalters, waren manche Teile der Welt in anderen Teilen der Welt noch vollkommen unbekannt. Handelsstraßen verbanden die wichtigsten Städte Europas, Asiens und Nordafrikas miteinander, und Handelsschiffe fuhren zwischen den Häfen Chinas und des Indischen Ozeans hin und her. Amerika, Australien und weite Teile Afrikas und Asiens waren damals fast nur den Einheimischen bekannt. In den folgenden 350 Jahren sollte sich das ändern. Um 1800 hatten Europäer fast den gesamten Erdball erkundet und – außer in Afrika – große Gebiete erobert. Das muslimische Reich der türkischen Osmanen, das einst beinahe ganz Europa erobert hätte, befand sich dagegen im Niedergang.

**Die Welt 1450–1800**
Jedes Bildsymbol auf dieser Weltkarte bezieht sich auf ein Land, ein Ereignis oder ein Volk, über das du in diesem Buch mehr erfahren kannst. Schlage dazu einfach die angegebenen Seiten nach.

**POSITIONSKARTE**
Bei jeder großen Karte findest du eine kleine Weltkarte wie diese. Sie zeigt an, welcher Teil der Welt vorgestellt wird.

**KARTENLEGENDE**

| | |
|---|---|
| **JAPAN** | Reich oder Land |
| **Dekkan** | Region im Reich/Land |
| ■ PARIS | Hauptstadt |
| ● Yorktown | Stadt oder Dorf |
| *Sambesi* | Fluss, See oder Insel |
| ***Anden*** | Ozean, Meer, Wüste oder Gebirge |
| –·–·– | Staatsgrenze |
| - - - - | Reichsgrenze |

## 1450 N. CHR.–1800 N. CHR.

**1400**

**1450** Blüte der Renaissance in Westeuropa.
**1453** Eroberung Konstantinopels durch die Türken. Ende des Byzantinischen Reichs.
**1479** Durch ihre Heirat einen Ferdinand von Aragón und Isabella von Kastilien das Spanische Reich.
**1480** Moskauer Staat wird unabhängig.
**1485** In England Beginn der Tudor-Dynastie.
**1492** Erste Landung des Christoph Kolumbus in der Neuen Welt.
**1498** Als erster Europäer umsegelt Vasco da Gama Afrika auf dem Weg nach Asien.

**1500**

**1510** Portugiesen gründen Goa, die erste europäische Kolonie in Asien.
**1517** In Europa Anfang der protestantischen Reformation durch Martin Luther.
**1517** Beginn der regelmäßigen Lieferungen afrikanischer Sklaven nach Amerika.
**1519** Karl V. von Spanien ist Heiliger Römischer Kaiser. Habsburger beherrschen Europa.
**1519–22** Magellan und seiner Mannschaft gelingt die erste Weltumsegelung.
**1519–33** Spanier erobern die Reiche der Azteken und Inkas.
**1526** Moguln erobern Indien.
**1534** Jacques Cartier erkundet Kanada.
**1543** Kopernikus lehrt, dass die Sonne den Mittelpunkt des Sonnensystems bildet.
**1545** Beginn der Gegenreformation.
**1556** Karl V. teilt das Habsburgerreich zwischen Spanien und Österreich auf.
**1558–1603** Elisabeth I. regiert England.
**1568** Niederlande: Widerstand gegen Spanien.

**1600**

**1603** Unter König Jakob I. sind englische und schottische Krone geeint.
**1603** Tokugawa-Shogune herrschen in Japan.
**1607** Engländer gründen ihre erste feste Ansiedlung in Nordamerika.
**1608** Beginn der französischen Kolonisierung Kanadas.
**1618–48** Europa: Dreißigjähriger Krieg.
**1643–1715** Ludwig XIV. regiert Frankreich.
**1644** In China Beginn der Ming-Dynastie.
**1648** Unabhängigkeit der Niederlande.
**1649–60** Nach Bürgerkrieg und Hinrichtung des Königs wird Britannien Republik.
**1667** Niederländer kontrollieren Gewürzinseln.
**1682–1725** Peter der Große modernisiert Russland.
**1683** Nach der misslungenen Eroberung Wiens beginnt der Niedergang des Osmanischen Reichs.
**1698** Vertreibung der Portugiesen von der ostafrikanischen Küste.

**1700**

**1700** Blütezeit der Aufklärung in Europa.
**1707** Höhepunkt des Moguln-Reichs.
**1740** Maria Theresia baut das Österreichische Reich aus.
**1740–86** Friedrich der Große stärkt die preußische Militärmacht.
**1763** Briten vertreiben Franzosen aus Nordamerika.
**1770** Kapitän Cook landet in Australien.
**1775–81** Amerikanischer Unabhängigkeitskrieg.
**1776** Britische Kolonien in Nordamerika erklären ihre Unabhängigkeit.
**1789** George Washington wird erster Präsident der USA.
**1789** Ausbruch der Französischen Revolution.
**1799** In Frankreich kommt Napoleon Bonaparte an die Macht.

**1800**

# Die Welt 1450–1800:

## Was wir über die Vergangenheit wissen

Nach 1450 kam es zu bedeutenden Veränderungen. Die Europäer entdeckten alte chinesische Erfindungen wie den Buchdruck und das Schießpulver für sich neu und führten sie auch auf anderen Kontinenten ein. Die Entwicklung neuer Schiffe und Navigationsinstrumente ermöglichte europäischen Entdeckungsreisenden, große Teile des Planeten zu erkunden und später zu erobern. In einigen Ländern trat an die Stelle der Herrschaft eines Kaisers oder Königs allmählich die demokratische Herrschaft durch das Volk, die sich aber erst im späten 19. Jahrhundert maßgeblich durchsetzte. Diese Veränderungen fanden nicht überall gleichzeitig und gleich schnell statt, doch die Welt um 1800 war ganz anders als die Welt um 1450.

**Buchdruck**
Johannes Gutenberg entwickelte 1448 in Mainz eine Druckerpresse mit beweglichen Lettern, was zu einer Bildungsrevolution führte, da die Bücher deutlich billiger wurden. Dies machte nicht nur Wissen, sondern auch revolutionäre Ideen für breite Kreise zugänglich. Als erstes Buch druckte Gutenberg eine Bibel (oben).

**Demokratie**
Im Zuge der Aufklärung, der geistigen Revolution des 18. Jahrhunderts, wurde auch die Regierungsform der Monarchie hinterfragt. Viele Menschen wünschten sich, in einer Demokratie zu leben. Um 1800 wurden einige Staaten Europas sowie die Vereinigten Staaten von Amerika durch demokratisch gewählte Parlamente regiert. Dieses Gemälde stellt die Erklärung der Unabhängigkeit Amerikas von britischer Herrschaft im Jahre 1776 dar.

**Mächtige Monarchen**
Nach 1640 regierten in Europa mächtige Könige. Man bezeichnet sie als absolute Monarchen, denn in ihren Reichen besaßen sie die vollkommene Macht über alle und alles. Der wichtigste dieser Könige war Friedrich der Große von Preußen (regierte 1740–86). Er ließ sich bei Potsdam das Neue Palais bauen (unten).

*Das Neue Palais wurde 1763–69 zur Feier des preußischen Siegs im Siebenjährigen Krieg (1756–63) gegen Österreich, Frankreich und Russland errichtet.*

*Das Palais hat über 200 Räume, darunter auch vier Säle für Staatsempfänge.*

*Drehschlosspistole (Europa, frühes 17. Jahrhundert)*

**Neue Formen der Kriegsführung**

Im 10. Jahrhundert war das Schießpulver den Chinesen und möglicherweise auch den Arabern bekannt. In Europa führte es ab dem 14. Jahrhundert zu einer Revolution in der Kriegsführung. Die europäischen Armeen schossen mithilfe von Schießpulver aus Flinten und Musketen Bleikugeln ab. Dank dieser wirkungsvollen Bewaffnung gelang es ihnen, noch vor 1800 weite Teile der Erde zu erobern.

**Entdeckungsreisen**

Ab 1450 begannen europäische Seefahrer, die Welt zu erkunden. Sie gelangten nach Amerika und fanden einen neuen Seeweg, der um Afrika herum nach Asien führte. Mit der Zeit übernahmen Europäer die Kontrolle über den Welthandel und gründeten auf allen Kontinenten Kolonien. Das Bild zeigt Niederländer, die mit Indianern an einer Stelle Handel treiben, an der heute New York liegt.

*Ein Bildhauerteam fertigte die über 400 Sandsteinstatuen.*

*Im Südflügel lagen Friedrichs Privatgemächer und ein kleines Theater für Opernaufführungen.*

*Statuen der drei Grazien Glanz, Frohsinn und Glück halten die preußische Königskrone.*

# Entdeckungsreisen

Um die Mitte des 15. Jahrhunderts machten sich europäische Seefahrer daran, auf der Suche nach neuen Handelsstraßen, nach Reichtümern und Eroberungen die Ozeane zu erkunden. Die Portugiesen waren lange Zeit führend. Sie erforschten die afrikanische Küste und entdeckten einen Seeweg nach Indien und zu den Schätzen Asiens. Die spanische Krone finanzierte Kolumbus' Suche nach einer Westroute nach Indien. Statt dieses Seewegs entdeckte er einen neuen Kontinent: Amerika. Die Engländer und Franzosen suchten nach einer Nordwestroute nach Asien, die Niederländer dagegen nach einer um Sibirien herumführenden Ostroute.

| DIE ENTDECKUNGSREISEN | |
|---|---|
| Bartolomeu Díaz | 1487–88 |
| Kolumbus: Erste Reise | 1492–93 |
| John Cabot | 1497 |
| Vasco da Gama | 1497–98 |
| Kolumbus: Dritte Reise | 1498–1500 |
| Fernão de Magalhães (Magellan) & Sebastián de Elcano | 1519–22 |
| Martin Frobisher | 1576 |
| Francis Drake | 1577–80 |
| Willem Barents | 1596–98 |

### Navigation

Die ersten europäischen Entdeckungsfahrer besaßen nur wenige Navigationsinstrumente und segelten oft in die falsche Richtung. Allerdings kannten sie den magnetischen Kompass (links), mit dessen Hilfe sie einem festgelegten Kurs folgten. Die Breite (ihre nördliche oder südliche Position) ermittelten sie mit einem Astrolabium (zur Messung der Höhe der Sonne am Mittag) und mit einem Quadranten (zur Messung der Höhe eines Sterns). Bis zur Erfindung des Chronometers 1759 war es nicht möglich, den Längengrad (die westliche oder östliche Position) zu ermitteln.

**Im Eis gefangen**
Auf der Suche nach der Nordostpassage nach Asien blieb Barents' Schiff im Eis stecken. Er und seine Mannschaft mussten den Winter 1596 in einer Hütte verbringen.

**Vasco da Gama in Indien**
Da Gama erreichte Indien 1498 und traf den Hindu-Herrscher von Calicut. Er konnte dem Herrscher nicht viel zum Tausch anbieten und kehrte mit nur einigen Gewürzen zurück.

**Über den Ozean**
Magalhães brauchte vier Monate, um den Pazifischen Ozean zu überqueren. Bevor er im März 1521 in Guam an Land ging, hatte er nur einige unbewohnte Inseln gesichtet.

**Der Tod des Magalhães**
Magalhães erlebte das Ende seiner Weltumsegelung nicht mehr. Er wurde 1521 bei einem Gefecht auf der philippinischen Insel Cebu getötet.

**Arabische Kaufleute**
Araber kontrollierten den Handel im westlichen Indischen Ozean. Sie brachten Waren vom Persischen Golf nach Indien und Afrika, und zurück.

*Nahrungs- und Genussmittel von den Gewürzinseln (Molukken) in Indonesien*

**Unerwünschter Gast**
Als da Gama den Handelshafen Mombasa besuchte, ließ der örtliche Sultan seine beiden Schiffe angreifen, und da Gama musste fliehen.

**Einsame Heimreise**
Magalhães brach mit fünf Schiffen und einer großen Mannschaft zu seiner Reise auf. Nach seinem Tod trotzte Sebastián de Elcano den Stürmen und traf 1522 mit nur einem Schiff und 17 Männern in Spanien ein.

* In den angelsächsischen Ländern gebräuchliches Längenmaß: 1 mile = 1,609344 km



**1450**

**1460** Tod des Prinzen Heinrich des Seefahrers, der als erster Portugiese Entdeckungsreisende finanziert hatte.

**1485–86** Diogo Cao segelt für Portugal entlang der westafrikanischen Küste.

**1487–88** Als erster Europäer segelt Diaz um die Südspitze Afrikas herum in den Indischen Ozean.

**1492–93** Kolumbus segelt als erster Europäer nach Amerika.

**1493–96** Kolumbus' zweite Reise nach Westindien.

**1494** Der Vertrag von Tordesillas teilt die noch nicht entdeckte Welt zwischen Portugal und Spanien auf.

**1497** Der Italiener John Cabot segelt für den englischen König nach Neufundland.

**1497–98** Vasco da Gama erschließt eine neue Handelsroute über den Indischen Ozean nach Indien.

**1498–1500** Kolumbus' dritte Reise. Als erster Europäer landet er in Südamerika.

**1500**

**1502–04** Kolumbus' vierte Reise: Er gelangt nach Mittelamerika.

**1519–21** Magalhães durchquert als erster Europäer den Pazifischen Ozean.

**1521–22** Sebastián de Elcano vollendet Magalhães' Reise und wird zum ersten Europäer, der die Welt umsegelt.

**1527–28** Pánfilo de Narvaéz erkundet für Spanien den Golf von Mexiko.

**1534** Jacques Cartier sucht für den französischen König nach einer Nordwestpassage nach Asien, entdeckt stattdessen aber Kanada.

**1550**

**1567–69** Álvaro de Mendaña erkundet für Spanien den südlichen Pazifischen Ozean.

**1576** Martin Frobisher sucht für England nach der Nordwestpassage.

**1577–80** Francis Drake umsegelt die Welt.

**1596–98** Der niederländische Seefahrer Willem Barents erforscht die Nordostpassage.

**1600**

# Azteken und Inkas

Im frühen 16. Jahrhundert gab es in Amerika zwei große, mächtige Reiche: das Reich der Azteken und das der Inkas, und auf der Halbinsel Yucatán erlebte die Hochkultur der Maya eine weitere Blütezeit. Doch innerhalb nur weniger Jahre zerstörte eine Handvoll Konquistadoren aus Europa all diese Staaten. Hernán Cortés und seine 500 spanischen Soldaten eroberten zwischen 1519 und 1521 das Reich der Azteken. Um von 1532 bis 1533 das Reich der Inkas einzunehmen, kam Francisco Pizarro sogar mit nur 168 Soldaten aus. Beide Anführer wussten sich die Schwächen des Gegners zu Nutze zu machen. Die von den Spaniern eingeschleppten Krankheiten – darunter die Pocken, gegen die die Amerikaner keine Abwehrkräfte hatten – töteten tausende und erleichterten den Spaniern die Übernahme beider Reiche.

| |
|---|
| Ausdehnung des Azteken-Reichs 1520. |
| Ausdehnung des Maya-Reichs 1520. |
| Ausdehnung des Inka-Reichs 1525. |

**Pazifischer Ozean**

## Eroberung durch die Spanier

Trotz ihrer geringen Zahl waren die Spanier für die amerikanischen Ureinwohner unbesiegbare Gegner – nicht nur aufgrund ihrer besseren Waffen, sondern auch wegen ihrer Pferde. Diese Tiere waren bis zur Ankunft der Spanier in Amerika unbekannt gewesen. Außerdem waren die Spanier schlaue Taktiker. Viele kleinere Völker hassten die grausamen Azteken und kämpften auf der Seite der Spanier gegen sie. Das Reich der Inkas hatte sich noch nicht von einem längeren Bürgerkrieg erholt. Die Maya konnten länger Widerstand leisten. Sie lebten in 16 Stadtstaaten, und die Spanier hatten Mühe, sie alle zu besiegen. Das Bild (oben) zeigt amerikanische Ureinwohner, die von einem spanischen Priester die Kommunion empfangen.

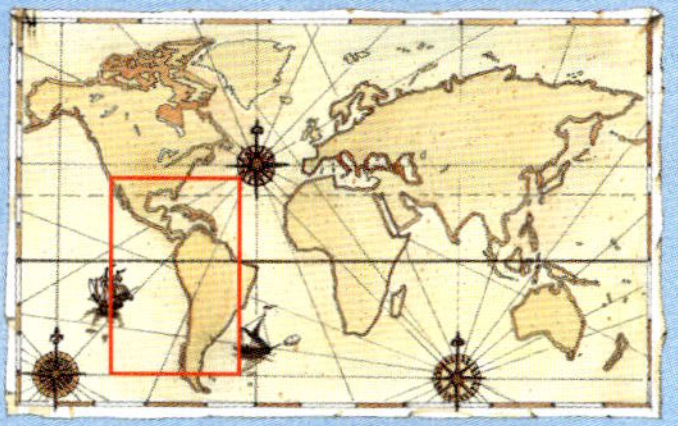

0 — 1000 km
0 — 500 miles

**Schutz der Hauptstadt**
Die steinerne Festung von Sacsahuaman schützte Cuzco. Sie war so groß, dass alle Bewohner der Stadt bei Gefahr in ihr Platz fanden.

**Fischfang**
Die Bewohner des Inka-Reichs deckten ihren Bedarf an tierischem Eiweiß vor allem mit Fischen.

**Inka-Hauptstadt**
Die Inkas sahen ihre Hauptstadt als den Mittelpunkt des Universums an. In ihrer Sprache, dem Ketschua, bedeutet *Cuzco* „Bauchnabel".

**Terrassenfeldbau**
Da die Berghänge sehr steil waren, legten die Bauern des Inka-Reichs Terrassenfelder an.

**Geknotete Notizen**
Informationen über Einwohnerzahlen, Steuern, Ernten und andere wichtige Dinge wurden mittels Knotenschnüren festgehalten, den so genannten Quipus.

### 1450 N. CHR.–1600 N. CHR.

1450
**1450** Pachacutec, seit 1438 Inka-Herrscher, erweitert das Reich beträchtlich.
**1470** Das Inka-Reich erobert das Chimú-Reich.
**1471–93** Tupac Yupanqui erweitert das Inka-Reich im Süden.
1475
**1480** Ausbruch eines Bürgerkriegs im Maya-Reich.
**1494–1525** Unter Huayna Capac erreicht das Inka-Reich seine größte Ausdehnung.
1500
**1502–20** Unter Montezuma II. erreicht das Azteken-Reich seine größte Ausdehnung.
**1519–21** Cortés erobert das Reich der Azteken.
**1520** Die Spanier töten Montezuma II.
**1521** Die Spanier erobern Tenochtitlán.
**1524** Die Spanier beginnen, die Maya-Stadtstaaten zu besiegen.
1525
**1525–32** Infolge von Konflikten zwischen den Söhnen von Huayna Capac bricht im Inka-Reich ein Bürgerkrieg aus.
**1532** Pizarro erobert das Inka-Reich und nimmt Herrscher Atahualpa gefangen.
**1533** Die Spanier richten Atahualpa hin und setzen den von ihnen ausgewählten Regenten Thupu Wallpa ein.
**1536** Die Spanier übernehmen die Regierung des Inka-Reichs.
1550
**1572** Der letzte Widerstand der Inka-Bergfestungen bricht zusammen.
1575
**1600** Bis 1697 leisten die Maya Widerstand gegen die Spanier.
1600

**Karl V. und das Habsburgerreich**
Karl V. von Spanien war der Herr Europas. Der 1500 geborene Monarch erbte das Rheinland und die Niederlande von seinem habsburgischen Vater sowie Spanien und dessen italienische und amerikanische Besitzungen von seinem spanischen Großvater und seiner Mutter. 1519 erbte er außerdem das habsburgische Österreich von seinem Großvater und wurde zum Heiligen Römischen Kaiser und damit zum Herrscher über Deutschland gewählt. 1556 dankte er ab, 1558 starb er.

# Spanien und sein Weltreich

Ab dem frühen 16. Jahrhundert entwickelte sich das von der österreichischen Familie der Habsburger regierte Spanien zur wichtigsten Nation Europas. Sein König Karl V. hatte durch Heirat und Erbe ein mächtiges Reich aufgebaut. Ein zweites großes Reich eroberte sich Spanien in Amerika. Spanien wurde zur wichtigsten katholischen Macht in Europa und führte den Kampf gegen die protestantische Reformation an (siehe S. 16–17). Bald aber zeigte sich, dass dieser Staat zu groß war, um von einer einzigen Person regiert zu werden. 1556 teilte Karl V. sein Reich. Er übergab Spanien und dessen Besitzungen seinem Sohn und andere Gebiete seinem Bruder.

**Die Spanische Armada**
1588 verließ eine große Flotte den Hafen La Coruña, um England zu überfallen und die protestantische Königin Elisabeth I. abzusetzen. Jedoch konnte die englische Flotte die Armada vernichtend schlagen.

**Don Quichotte**
Der spanische Schriftsteller Miguel de Cervantes schrieb den Klassiker *Don Quichotte*. Der Roman erschien in zwei Teilen 1605 und 1615.

**Der Escorial**
Philipp II. ließ sich nahe bei Madrid ein großes Schloss bauen. Von hier aus regierte er über sein gewaltiges Reich.

**Die Eroberung Portugals**
1580 schlug Philipp II. von Spanien die Portugiesen bei Alcantara und bestieg den portugiesischen Thron. Bis 1640 herrschte Spanien auch über Portugal und dessen Besitzungen.

**Vereinigte Herrscher**
1469 heirateten Ferdinand von Aragón und Isabella von Kastilien. 1479 bestiegen beide ihre jeweiligen ererbten Throne und regierten das Land gemeinsam. So wurde Spanien geeint.

**Aufstand der Morisken**
1492 wurden die islamischen Mauren gezwungen, sich zum Christentum zu bekehren. 70 Jahre später lehnten sie sich gegen die spanische Herrschaft auf.

**Seefahrerschule**
Prinz Heinrich der Seefahrer, Sohn des portugiesischen Königs, begründete in Sagres eine Seefahrerschule, um die Entdeckung unbekannter Weltgegenden zu fördern.

**Ende der maurischen Herrschaft**
Ferdinand und Isabella vertrieben 1492 nach 781 Jahren den letzten maurischen Herrscher aus Granada.

**Raubzüge**
Von Francis Drake angeführte englische Freibeuter überfielen regelmäßig spanische Häfen, um sich der aus Amerika eingeführten Schätze zu bemächtigen.

**Küstenforts**
Die Spanier bauten entlang der nordafrikanischen Küste Festungen, um das westliche Mittelmeer zu kontrollieren und gegen die Osmanen zu kämpfen.

**Erforschung des Südens**
Ab 1432 begannen portugiesische Seefahrer, die westafrikanische Küste zu erkunden, und gründeten immer weiter südlich gelegene Handelsposten.

## Spaniens Reichtum

Die Gold- und Silberminen Mexikos und Perus bescherten Spanien großen Reichtum. Von Kriegsschiffen eskortierte Galeonen transportierten die Schätze über den Atlantischen Ozean. Trotz aller Vorsichtsmaßnahmen griffen Piraten und die Schiffe feindlicher Staaten, besonders Englands und der Niederlande, die Flotten häufig an. Dieser Reichtum ermöglichte Spanien, sich große Armeen zu leisten. Allerdings führte er in Spanien zu Preissteigerungen und trieb das Land letztlich in den Ruin. Links ein Plan der Silberminen von Potosí im heutigen Bolivien.

## 1450 N. CHR.–1600 N. CHR.

**1450**

**1456** Die Portugiesen kolonisieren die Kapverdischen Inseln und wagen sich entlang der Küste Westafrikas weiter nach Süden.

**1469** Hochzeit von Ferdinand von Aragón und Isabella von Kastilien.

**1479** Ferdinand und Isabella herrschen gemeinsam über Spanien.

**1487** Ein Portugiese umsegelt das Kap der Guten Hoffnung an der Südspitze Afrikas.

**1492** Spanien erobert Granada zurück. Die Mauren müssen sich zum Christentum bekehren. Die Juden werden vertrieben.

**1492** Kolumbus' erste Reise in die Neue Welt.

**1496** Philipp von Burgund (Frankreich) heiratet die spanische Thronerbin Johanna und verbindet so die Habsburger mit Spanien.

**1497** Spanien baut in Melilla an der Küste Nordafrikas ein Fort.

**1498** Portugiesen erreichen Indien.

**1500**

**1500** Geburt von Karl, Sohn des Philipp und der Johanna.

**1504** Tod der Isabella. Ferdinand regiert Spanien mit Johanna und Philipp.

**1506** Philipp stirbt und hinterlässt Karl das Rheinland und die Niederlande.

**1509** Spanien erobert Oran (Nordafrika).

**1512** Spanien erobert das Reich von Navarra in Nordspanien.

**1516** Tod Ferdinands. Sein Enkel wird als Karl I. König von Spanien.

**1517** Martin Luthers Reformen bedrohen die Katholische Kirche und die Habsburger.

**1519** Tod Maximilians, habsburgischer Herrscher über Österreich und Heiliger Römischer Kaiser. Karl I. wird als Karl V. sein Nachfolger.

**1519–21** Spanien erobert Azteken-Reich.

**1524** Spanier beginnen mit der Eroberung des Maya-Reichs.

**1530** Die Portugiesen beginnen, Brasilien in Südamerika zu kolonisieren.

**1532–33** Spanier erobern Inka-Großreich.

**1538** Spanier kolonisieren Kolumbien in Südamerika.

**1545** Entdeckung von Silber in Potosí in Peru.

**1548** Entdeckung von Silber in Mexiko.

**1550**

**1556** Karl V. tritt ab. Sein Nachfolger in Spanien ist Philipp II. Karls Bruder Ferdinand wird Heiliger Römischer Kaiser.

**1563–84** Philipp II. lässt den Escorial erbauen.

**1565** Die Spanier kolonisieren Florida und bauen dort ein Fort, um ihre Schatzflotte zu schützen.

**1566** Beginn des niederländischen Widerstands gegen spanische Herrschaft.

**1569–71** Aufstand der Morisken in Südspanien.

**1571** Spanien beginnt, die Philippinen zu kolonisieren. Gründung Manilas.

**1574** Spanien verliert den Hafen von Tunis an die Osmanen.

**1580–1640** Spanien herrscht über Portugal und dessen Besitzungen.

**1581** Friedensvertrag zwischen Spanien und dem Osmanischen Reich.

**1588** Die Eroberung Englands durch die Spanische Armada scheitert.

**1598** Tod Philipps II. Philipp III. wird sein Nachfolger.

**1600**

# Die Renaissance:
## Neue Erkenntnisse, neues Wissen

Renaissance ist französisch und bedeutet „Wiedergeburt“. Der Begriff bezeichnet die Gesamtheit künstlerischer und intellektueller Strömungen, die alle Wissenschaften und Künste beeinflussten. Künstler und Wissenschaftler ließen sich vom antiken Griechenland und Rom inspirieren, um neue Ideen und Theorien zu entwickeln. Die neue Geisteshaltung wurde als „Humanismus“ bekannt, denn sie ermutigte die Menschen, ihre eigenen Ziele zu verfolgen, anstatt sich immer nur von anderen anleiten zu lassen. Die Renaissance begann in Italien im 14. Jahrhundert, breitete sich nach West- und Nordeuropa aus und erreichte ihren Höhepunkt im 15. und 16. Jahrhundert.

**Erfindergeist**
Das Ideal der Renaissance war der „Renaissancemensch“, der viele Fähigkeiten und Begabungen besaß. Leonardo da Vinci (1452–1519) entsprach diesem Ideal. Er war nicht nur Maler und Bildhauer, sondern entwarf auch Hubschrauber (oben), Flugmaschinen und Panzer. Daneben sezierte er Leichen, um herauszufinden, wie der menschliche Körper funktioniert.

**Die Kunst der Renaissance**
Renaissancemaler stellten Menschen und Landschaften auf sehr natürliche Weise dar. Damit ihre Werke realistischer wirkten, beschäftigten sie sich mit Anatomie und Perspektive. Michelangelo (1475–1564) war einer der bedeutendsten Künstler der Renaissance. Er schuf lebensechte Statuen wie den *David* (links) und großflächige Gemälde wie das Deckenfresko der Sixtinischen Kapelle in Rom.

**Astronomie**
Die Naturforscher der Renaissance ließen sich auf neue Ideen ein. 1543 verkündete der polnische Astronom Nikolaus Kopernikus (1473–1543), dass die Sonne den Mittelpunkt des Sonnensystems bilde und sich alle Planeten um sie drehen. Das schockierte viele Menschen, denn in der Bibel stand, dass die Erde der Mittelpunkt des Universums sei. Die Karte oben zeigt, wie sich Kopernikus die Anordnung der Planeten vorstellte.

## Mäzene

Die Adeligen und die kirchlichen Würdenträger Italiens gaben bei den Künstlern zahlreiche Werke in Auftrag, um ihr Ansehen zu mehren. Dieses Gemälde zeigt Lorenzo de Medici (von 1469 bis 1492 Herzog von Florenz) im Kreise von Künstlern. Er bewundert eine Skulptur von Michelangelo, der in den 1490er-Jahren für die Familie de Medici arbeitete, bevor der Papst ihn zu sich nach Rom holte.

## Baukunst

Die Architektur der Renaissance nahm sich Baustile aus alter Zeit zum Vorbild. Sie verwendete klassische Säulen, Rundbögen und Kuppeln. Die Kathedrale von Florenz (siehe Zeichnung rechts), mit deren Bau man 1296 begann, wurde zunächst im gotischen Stil errichtet. Filippo Brunelleschi (1377–1446) krönte sie mit einer riesigen Kuppel. Sie wurde zum Vorbild für spätere Kirchenbauprojekte der Renaissance.

# Die Reformation

Über 1.000 Jahre lang gehörten alle Christen in Westeuropa der Katholischen Kirche an. Allmählich aber wuchs die Kritik am Machtmissbrauch der Kirche. 1517 erstellte ein deutscher Mönch namens Martin Luther eine Liste. Sie enthielt 95 Vorschläge für Reformen der Katholischen Kirche. Die Liste wurde gedruckt und verteilt und löste einen Aufstand aus. Die Katholische Kirche verurteilte Luther 1521 als Häretiker (Abtrünnigen). Er gründete seine eigene Kirche: die Lutheranische Kirche. Seine Anhänger wurden unter dem Namen Protestanten bekannt, weil sie gegen den Katholizismus protestiert hatten. Die Reformation führte in Europa zu zahlreichen Konflikten und Kriegen.

**John Knox**
Der calvinistische Prediger John Knox führte 1559 eine Reform der schottischen Kirche herbei. Dennoch blieben viele Schotten katholisch.

**Maria I.**
Maria I. führte 1553 in England wieder den Katholizismus ein und ließ viele Protestanten als Häretiker verbrennen.

**Die Schließung der Klöster**
Zwischen 1536 und 1539 ließ Heinrich VIII. von England alle katholischen Klöster und andere religiöse Einrichtungen schließen und zog ihre Ländereien und anderen Besitztümer ein.

**Die Bartholomäusnacht**
Am 23. August 1572 ermordeten französische Katholiken in Paris mehr als 3.000 Hugenotten (französische Protestanten). Landesweit wurden zahlreiche weitere Hugenotten umgebracht.

**Die Jesuiten**
Die Gesellschaft Jesu wurde 1534 mit dem Ziel gegründet, Muslime zum Christentum zu bekehren. Bald aber wurden die Jesuiten zur treibenden Kraft der Gegenreformation (siehe S. 17).

**Johann Calvin**
Der in Genf lebende Franzose Johann Calvin veröffentlichte 1536 seine Vorschläge für eine Kirchenreform. Der von ihm begründete Calvinismus hatte bald viele Anhänger.

**Die spanische Inquisition**
Papst Sixtus IV. setzte 1478 die spanische Inquisition ein, um in Spanien die Häresie zu bekämpfen. Sie folterte Protestanten und muslimische Mauren und wurde bald im ganzen Land gefürchtet und gehasst.

**Morisken**
Nach der 1492 abgeschlossenen Rückeroberung Spaniens durch die spanischen Könige wurden die muslimischen Mauren gezwungen, sich zum Christentum zu bekehren. Nach ihrem Aufstand (1569–71) verbannte man sie nach Zentralspanien.

**Die 95 Thesen**
1517 soll Martin Luther 95 Vorschläge für Reformen des Katholizismus an die Tür seiner Kirche in Wittenberg genagelt haben.

**Tridentinisches Konzil**
Katholische Würdenträger trafen sich ab 1545 dreimal in Trient.

**Der Papst**
Die Reformation schwächte die Machtstellung Roms als Hauptstadt der katholischen Christenheit. Dennoch sollten die Päpste in der europäischen Geschichte noch lange eine wichtige Rolle spielen.

## Martin Luther

Der hier in einem dunklen Gewand dargestellte Martin Luther (1483–1546) war ein Augustinermönch und Theologieprofessor an der Universität von Wittenberg in Sachsen. Er wollte die Kirche eigentlich nicht entzweien, sondern reformieren. Als sich das als unmöglich erwies, gründete er seine eigene, reformierte Kirche.

**Kopernikus**
Der polnische Astronom Kopernikus bewies 1531, dass sich die Planeten um die Sonne und nicht um die Erde bewegen. Dies lief den Lehren der Katholischen Kirche zuwider.

**Die Vertreibung der Protestanten**
Ende der 1550er-Jahre gewann die Katholische Kirche in Bayern und Österreich ihre Macht zurück und vertrieb die Protestanten. Auch Polen wurde wieder katholisch.

## Die Gegenreformation

Zwischen 1545 und 1563 trafen sich die Oberhäupter der katholischen Welt mehrmals in Trient, um die Kirche zu reformieren und gegen den Protestantismus vorzugehen. Sie beschlossen tiefgreifende Veränderungen in der religiösen Praxis. Prachtvolle Kirchenbauten im neuen barocken Stil – wie die Peterskirche in Rom – machten den katholischen Glauben für viele wieder attraktiver.

**1510 N. CHR.–1600 N. CHR.**

1510

**1517** Martin Luther soll an die Tür der Kirche in Wittenberg seine 95 Thesen genagelt haben.

1520

**1521** Luther stellt dem Heiligen Römischen Kaiser in Worms seine Thesen vor.
**1523** Ulrich Zwingli schlägt der Katholischen Kirche in Zürich 67 Reformen vor.
**1524** In Deutschland brechen religiöse Konflikte und der Bauernkrieg aus.
**1525** In Sachsen und vielen anderen deutschen Staaten ist der Protestantismus Staatsreligion.

1530

**1531** Kopernikus entdeckt, dass die Sonne den Mittelpunkt des Universums bildet.
**1534** Entstehung der Jesuiten.
**1534** Heinrich VIII. von England tritt aus der Katholischen Kirche aus, die ihm eine Scheidung verweigert.
**1536** Johannes Calvin veröffentlicht seine Ideen für eine religiöse Reform.
**1536–39** Heinrich VIII. schließt Klöster.

1540

**1541** Calvin beginnt, in Genf eine streng protestantische Kirche aufzubauen.

**1544** Schweden wird protestantisch.
**1545–63** Drei Konzile der Katholischen Kirche in Trient. Einsetzen der Gegenreformation gegen den Protestantismus.

1550

**1553–58** Unter Königin Maria I. wird England für kurze Zeit wieder katholisch.
**1555** Nach langwierigem Krieg willigt der Heilige Römische Kaiser in den Frieden von Augsburg ein. Nun darf jeder Herrscher seine eigene Staatsreligion wählen.
**1558** Elisabeth I. führt in England wieder den Protestantismus ein.

1560

**1560** Das schottische Parlament erklärt Schottland zu einer protestantischen Nation.
**1562–80** Religionskriege in Frankreich.

**1566** Niederländische Protestanten rebellieren gegen die katholische spanische Herrschaft.

1570

**1572** Tausende französischer Hugenotten (Protestanten) werden von Katholiken ermordet.

1580

**1589** Der Hugenotte Heinrich von Navarra wird zum König Heinrich IV. von Frankreich.

1590

**1593** Heinrich IV. von Frankreich wird katholisch.

**1598** Das Edikt von Nantes sichert den Hugenotten in Frankreich Religionsfreiheit zu.

1600

# Das Osmanische Reich

Aus einem kleinen Staat in Zentralanatolien entwickelte sich das nach dessen Gründer Osman I. (1280–1324) benannte Osmanische Reich. Mitte des 16. Jahrhunderts war es bereits der mächtigste Staat Europas und des Nahen Ostens. Die Osmanen herrschten über ein Gebiet, das sich vom westlichen Mittelmeer bis zum Indischen Ozean erstreckte. Die gebildeten, gerechten Herrscher erlaubten den eroberten Völkern, ihren christlichen Glauben zu behalten und setzten einheimische Statthalter ein. Im 17. und 18. Jahrhundert verloren sie an Macht, während Österreich und Russland sich vieler ihrer Gebiete bemächtigten. Der endgültige Zusammenbruch des Osmanischen Reichs erfolgte jedoch erst 1923.

Ausdehnung des Osmanischen Reichs auf seinem Höhepunkt 1640.

0 — 500 km
0 — 250 miles

**Die Belagerung Wiens**
Die Habsburger leiteten den Widerstand des christlichen Europas gegen die muslimischen Osmanen. Die Türken belagerten Wien, die Hauptstadt des Habsburgerreichs, zweimal: 1529 und 1683. Beim zweiten Mal schlug eine große, von Karl von Lothringen und Johann Sobieski von Polen angeführte Armee die Belagerer. Von da an verloren die Osmanen in Europa an Macht.

**Made in China**
Die Türken führten Porzellan aus China ein und verzierten es mit Gold und Edelsteinen.

**Internationaler Handel**
Armenische Kaufleute kontrollierten den Austausch von Waren zwischen dem Osmanischen Reich, Russland und Persien.

**Die Beduinen**
Der osmanische Machtbereich beschränkte sich auf die Küstengebiete Arabiens. Beduinen kontrollierten die Wüsten im Binnenland.

**Konflikte mit den Portugiesen**
1551 wurden die Portugiesen aus ihrem Handelsposten in Maskat vertrieben. Obwohl die Osmanen sie aus diesem Bereich zu verdrängen suchten, trieben sie weiter im Persischen Golf Handel.

**Sultan und Kalif**
1517 nahmen die Osmanen die heiligen Städte Mekka und Medina ein. Dadurch wurde der osmanische Sultan zum Kalifen (Führer) der islamischen Welt.

*Im Jemen angebauter Kaffee*

## 1450 N. CHR.–1800 N. CHR.

**1450**

**1453** Eroberung Konstantinopels durch die Osmanen. Ende des Byzantinischen Reichs.

**1500**

**1514** Osmanen greifen zum ersten Mal das persische Safawiden-Reich an.
**1517** Osmanen besiegen Mamelucken und nehmen Ägypten ein.
**1517** Osmanen nehmen Mekka und Medina ein. Der osmanische Sultan wird Kalif (Führer) der islamischen Welt.
**1522** Osmanen erobern Rhodos.
**1526** Osmanen besiegen bei Mohács die Ungarn.
**1529** Osmanen nehmen Spaniern Algier ab, doch ihre Belagerung Wiens scheitert.

**1550**

**1551** Portugiesen werden aus Maskat vertrieben.

**1565** Nach langer Belagerung misslingt den Osmanen die Eroberung Maltas.
**1571** Eine christliche Allianz besiegt die Osmanen vor Lepanto.
**1571** Die Osmanen nehmen Venedig Zypern ab.

**1600**

**1639** Nach jahrelangen Kämpfen wird die Grenze zwischen Osmanischem und Safawiden-Reich festgelegt.

**1650**

**1669** Die Osmanen nehmen als letzte griechische Insel Kreta ein.
**1683** Die Osmanen werden vor Wien entscheidend geschlagen.
**1687** Die Venezianer belagern das von den Osmanen kontrollierte Athen. Das im Parthenon gelagerte Schießpulver explodiert.
**1696** Die Russen nehmen die Festung Asow ein.
**1699** Der Vertrag von Karlowitz beendet den Krieg mit Österreich. Österreich übernimmt Kroatien, Ungarn und Transsilvanien.

**1700**

**1714** Größter Teil der nordafrikanischen Küste ist inzwischen unabhängig.

**1750**

**1768–74** Russisch-Osmanischer Krieg.

**1783** Russen erobern die Krim und die Nordküste des Schwarzen Meers.

**1800**

# Das Reich der Moguln

Im späten 15. Jahrhundert wurden die Moguln, Nachkommen des mongolischen Herrschers Timur, von den mongolischen Tataren aus Zentralasien vertrieben. Sie zogen nach Süden, begannen Indien zu überfallen und ab 1526 systematisch zu erobern. Bald regierten sie Nordindien und drangen um 1600 nach Süden in den Dekkan vor. Ein Jahrhundert später kontrollierten sie ganz Indien, mit Ausnahme des äußersten Südens. Sie bauten eine effektive Verwaltung auf und gestanden den Indern Religionsfreiheit zu. Im 18. Jahrhundert wurde das Reich der Moguln von den hinduistischen Maharadschas der Westküste angegriffen, während gleichzeitig auch Franzosen und Briten Gebiete eroberten. Um 1800 hatten die Briten die Franzosen besiegt und herrschten über das Indien der Moguln.

**Arabische Kaufleute**
Kaufleute aus Arabien und Ostafrika brachten Gold, Edelsteine, Elfenbein und Kaffee nach Indien und tauschten die Waren gegen Baumwolle, Seide, Gewürze und Färbemittel ein.

**Goa**
1510 gründeten die Portugiesen in Goa die erste europäische Kolonie in Indien.

**Mysore**
Der mächtige, von Muslimen regierte südindische Staat Mysore bekämpfte sowohl die Moguln als auch die Maharadschas erfolgreich.

**Wie die Einheimischen**
Europäische Kaufleute übernahmen indische Bräuche, um von den Einheimischen akzeptiert zu werden.

**Baumwolle**
Die Herstellung von Baumwollstoffen war ein wichtiger Erwerbszweig. Vor allem Frauen webten die Stoffe.

**Die Franzosen**
Die französische Ostindische Kompanie hatte ihren Hauptsitz in Pondicherry und viele Niederlassungen an den Küsten sowie in Bengalen.

**Die Niederländer**
Die niederländische Ostindische Kompanie gründete ihre Posten entlang der südindischen Küste. Bis 1660 hatte sie die Portugiesen aus Ceylon verdrängt, 1766 übernahm sie die gesamte Insel.

**Vasco da Gama**
Der Portugiese Vasco da Gama umsegelte die Südspitze Afrikas und erreichte als erster Europäer Indien auf dem Seeweg. Im Mai 1498 landete er in Cochin.

## Der Reichtum der Moguln

Die Moguln betrieben ein effektives Banksystem mit Gold- und Silbermünzen und gewährten Kaufleuten aus Asien und Ostafrika Kredit. Der Seehandel mit Arabern und Europäern brachte dem Reich Wohlstand. Auch die Landwirtschaft blühte und erzielte größere Getreideernten als in Europa. Die Eisenindustrie erzeugte hochwertigen Stahl. Das Indien der Moguln besaß die größte Textilindustrie der Zeit und exportierte seine Baumwollwaren weltweit.

## Die Pracht der Moguln

Die Moguln schenkten Indien zahlreiche schöne Paläste und Mausoleen (Grabdenkmäler), die von herrlichen Gärten und künstlichen Gewässern umgeben sind. Das berühmteste dieser Bauwerke ist das Tadsch Mahal (oben), ein um 1630 bei Agra errichtetes Mausoleum für Schah Jahan und seine Ehefrau. Die Moguln ließen auch ganze neue Städte entstehen, darunter eine neue Hauptstadt bei Fatehpur Sikri nahe Agra. Diese Stadt wurde zwischen 1571 und 1584 auf Wunsch von Kaiser Akbar I. erbaut, aufgrund der schlechten Wasserversorgung aber nur 14 Jahre lang bewohnt. Später entstand in Delhi eine neue Hauptstadt.

### 1500 N. CHR.–1800 N. CHR.

1500

**1501–30** Regierungszeit des ersten Moguln-Kaisers Babur.
**1504** Die Moguln erobern die Region um Kabul.
**1510** Die Portugiesen gründen einen Handelsposten in Goa und weitere in Diu und Daman.
**1519** Erster Überfall der Moguln auf Indien.
**1526** Beginn der Eroberung Indiens durch die Moguln.
**1539–56** Suri-Afghanen von Bihar rebellieren und fordern von den Moguln große Gebiete.

1550

**1556–1605** Regierungszeit von Akbar I.
**1572** Die Moguln erobern Gujarat und erhalten dadurch Zugang zum Meer.
**1576** Die Moguln erobern Indiens reichste Region Bengalen.

1600

**1600** Gründung britische Ostindische Kompanie.
**1602** Gründung niederländische Ostindische Kompanie.
**1605** Moguln dringen in den Dekkan vor.
**1612** Britische Ostindische Kompanie schlägt bei Surat portugiesische Flotte.
**1628–58** Regierung von Schah Jahan, Auftraggeber des Tadsch Mahal.
**1639–48** Bau der neuen Hauptstadt bei Delhi auf Befehl von Schah Jahan.
**1647–80** Von Sivaji angeführte hinduistische Maharadschas überfallen das Moguln-Reich.

1650

**1655–60** Niederländer nehmen auf Ceylon portugiesische Handelsposten ein.
**1658–1707** Regierung von Aurangzeb. Größte Ausdehnung des Moguln-Reichs.
**1661** Britische Ostindische Kompanie richtet ihr Hauptquartier in Bombay ein.
**1664** Gründung der französischen Ostindischen Kompanie.
**1687** Moguln erobern südlichen Staat Golkonda.

1700

**1708** Maharadschas beginnen mit der Eroberung des Dekkan.
**1739** Persische Soldaten plündern Moguln-Hauptstadt Delhi.
**1740** In den Krieg zwischen den Maharadschas und den Moguln in Südindien greifen die Franzosen und die Briten ein.

1750

**1751, 52** Unter Robert Clive gelingen den Briten entscheidende Siege gegen die Franzosen.
**1757** Clive schlägt den Moguln-Herrscher von Bengalen.
**1761** Eine afghanische Armee, die sich später aus Indien zurückzieht, besiegt die Maharadschas und beendet dadurch ihre Macht.
**1761** Die Briten erobern Pondicherry und vertreiben dadurch die Franzosen aus Indien.
**1775** Die Briten kontrollieren ganz Bengalen und Bihar.
**Um 1800** Das Moguln-Reich existiert nur noch dem Namen nach.

1800

# Tudors und Stuarts

Im Jahr 1485 bestieg Heinrich VII. als erster Tudor-König den englischen Thron. Damit endete ein viele Jahre andauernder Krieg zwischen zwei rivalisierenden Herrscherfamilien. Die Tudors brachten dem Land Frieden und Wohlstand. Unter Heinrich VIII. spaltete sich England von Rom und der Katholischen Kirche ab und ging zum Protestantismus über. 1603 starb mit Elisabeth I. die letzte Tudor-Monarchin. Ihr Nachfolger war der schottische König Jakob VI. aus der Familie der Stuarts, der zum ersten Mal England und Schottland einte. Doch die Stuarts konnten sich nicht lange durchsetzen. Einer von ihnen, Karl I., wurde nach einem Bürgerkrieg hingerichtet und ein weiterer, Jakob II. (Jakob VII. von Schottland), wurde vertrieben, weil er Katholik war. Trotz politischer Unruhen wurde England dank des Überseehandels allmählich zu einer der reichsten Nationen Europas.

**Der englische Bürgerkrieg:**
**Ein Krieg zwischen drei Königreichen**
Karl I. war König von England, Schottland und Irland. Jedes Land hatte sein eigenes Parlament, seine Kirche und Gesetze. Karl glaubte, Gott selbst habe ihm das Recht verliehen, zu regieren, doch seine Untertanen waren sehr unzufrieden mit ihm. 1639 erhoben sich die Schotten gegen ihn, 1641 die Iren, und 1642 brach ein offener Konflikt zwischen dem König und dem englischen Parlament aus. In allen drei Reichen tobte der Bürgerkrieg. 1649 wurde Karl vom englischen Parlament angeklagt, gegen sein eigenes Volk Krieg zu führen, und hingerichtet. Von 1649 bis 1660 war Britannien das einzige Mal in seiner Geschichte eine Republik.

**Vereinte Kronen**
1603 wurde der Stuart-König von Schottland Jakob VI. zu König Jakob I. von England. So wurden die Kronen vereint, während die beiden Nationen unabhängig blieben.

**Mordverdacht**
Lord Darnley, Ehemann der schottischen Königin Maria Stuart, kam 1567 bei einer Explosion in Edinburgh ums Leben. Maria wurde des Mordes verdächtigt, doch es gab keine Beweise.

**Die Spanische Armada**
Die im August 1588 geschlagene Armada (siehe S. 23) musste auf ihrer Rückfahrt nach Spanien entlang der felsigen Küsten Irlands und Schottlands segeln und büßte infolge von Stürmen viele weitere Schiffe ein.

**Irische Aufstände**
Als einzige Region der Britischen Inseln blieb Irland katholisch. Dies war der Grund zahlreicher Aufstände gegen die protestantische englische Herrschaft.

**Flodden Field**
Der Sieg der Engländer bei Flodden Field 1513 schwächte Schottland sehr. Bis zur Jahrhundertwende musste es sich von England regieren lassen.

**Cromwell in Irland**
Nach der Hinrichtung Karls I. kam es zur Rebellion seiner irischen Anhänger. Oliver Cromwells Armee schlug in Drogheda und Wexford große Aufstände nieder.

**Auf einer Eiche**
Nach dem Tod seines Vaters versuchte Karl II., sich des Throns zu bemächtigen, wurde jedoch 1651 bei Worcester geschlagen. Auf der Flucht versteckte er sich auf einer Eiche.

**Die Rose der Tudors**
Die doppelte Rose, das Wahrzeichen der Tudors, verband die rote Rose von Lancaster mit der weißen Rose von York. Die Heirat von Heinrich VII. mit Elisabeth von York hatte die Familien geeint.

**Die Schlacht von Naseby**
Die entscheidende Schlacht des Bürgerkriegs fand am 14. Juni 1645 bei Naseby statt. Die Truppen des Königs wurden von der Armee des Parlaments unter Oliver Cromwell vernichtend geschlagen.

**Die Pulververschwörung**
1605 versuchte eine Gruppe englischer Katholiken, Jakob I. während seiner Rede im Parlament in die Luft zu sprengen.

**Hinrichtung**
Karl I. wurde am 30. Januar 1649 in London exekutiert.

**Neues Land**
1497 sorgte Heinrich VII. für die Finanzierung der Reise von John Cabot. Cabot sollte im neu entdeckten Nordamerika Gebiete für England beanspruchen. Er erkundete Neufundland, glaubte jedoch, in Asien zu sein.

**Wilhelm von Oranien**
1688 baten sieben angesehene Protestanten den niederländischen Herrscher Wilhelm von Oranien, König von England zu werden, weil sie nicht unter der katholischen Herrschaft Jakobs II. leben wollten. Wilhelm landete in Torbay und stürzte bald darauf Jakob.

**Die *Mary Rose***
Das Flaggschiff der englischen Marine sank 1545 vor den Augen Heinrichs VIII. vor Portsmouth. Es gab viele Tote.

**Feld des Goldstoffs**
1520 kam es zu Friedensgesprächen zwischen Heinrich VIII. und Franz I. von Frankreich. Ihr Treffen wurde unter der Bezeichnung „Feld des Goldstoffs“ bekannt.

**Feuerschiffe**
Im Kampf gegen die Spanische Armada setzten die Engländer Schiffe in Brand und ließen sie auf die spanische Flotte zusegeln. Das löste die Formation der Spanier auf, und die Engländer konnten sie im August 1588 vor Gravelines erfolgreich angreifen.

## 1450 N. CHR.–1750 N. CHR.

**1450**

**1455–85** Rosenkrieg um den englischen Thron zwischen den verfeindeten Familien York und Lancaster.

**1485** Henry Tudor aus dem Hause Lancaster besiegt Richard III. bei Bosworth Field und wird als Heinrich VII. erster Tudor-König von England.
**1486** Heinrich VII. heiratet Elisabeth von York und eint so die Häuser von Lancaster und York.

**1500**

**1509** Tod Heinrichs des VII. Sein Sohn Heinrich VIII. wird König.
**1513** Jakob IV. von Schottland stirbt bei seinem Versuch, England zu erobern, in der Schlacht von Flodden Field.
**1534** Heinrich VIII. sagt sich von Rom los und wird Oberhaupt der Anglikanischen Kirche.
**1542–67** Regierungszeit von Maria Stuart, Königin von Schottland.
**1547** Tod Heinrichs VIII. Sein Sohn Eduard VI. wird König und führt offiziell den Protestantismus ein.

**1550**

**1553–58** Maria I. regiert England und führt den Katholizismus wieder ein.
**1558–1603** Die Protestantin Elisabeth I. regiert England.
**1567** Maria Stuart wird gezwungen, abzudanken und flieht nach England. Elisabeth I. lässt sie einsperren. Marias Sohn wird König Jakob VI. von Schottland.
**1587** Maria wird als angebliche Verschwörerin hingerichtet.
**1588** Die Spanische Armada versucht England anzugreifen und scheitert.
**1595–1603** Großer Aufstand in Irland gegen englische Herrschaft.

**1600**

**1603–25** Jakob VI. von Schottland regiert England als Jakob I.
**1605** Das Attentat auf Jakob I., die Pulververschwörung, misslingt.
**1625** Karl I. wird König.
**1639** Die schottischen Presbyterianer rebellieren gegen die Religionspolitik Karls I.
**1641** Aufstand der irischen Katholiken gegen Karl I.
**1642–46, 1648** Bürgerkrieg zwischen englischem König und Parlament.
**1649** Hinrichtung Karls I. Gründung des Commonwealth (Republik). Oliver Cromwell wird Staatsoberhaupt.

**1650**

**1653** Gründung des „Protektorats“, einer Regierungsform mit Cromwell als Oberhaupt.
**1658** Tod Oliver Cromwells. Sein Sohn Richard wird zu seinem Nachfolger.
**1660** Restauration der Monarchie unter Karl II.
**1666** Ein großer Brand verwüstet London.
**1685** Der Katholik Jakob II. wird Nachfolger Karls II.
**1688** Wilhelm von Oranien und Maria, Tochter Jakobs II., stürzen Jakob und regieren gemeinsam (Glorreiche Revolution).
**1689–97** Krieg gegen Frankreich.

**1700**

**1701** Per Gesetz wird beschlossen, dass nur protestantische Monarchen den britischen Thron besteigen dürfen.
**1701–13** Abermals Krieg gegen Frankreich. Die britische Armee erzielt viele Siege.
**1702–14** Regierung von Königin Anne.
**1707** Vereinigung der Parlamente Englands und Schottlands.
**1714** Georg I. wird zum ersten hannoverischen König Britanniens.
**1715, 45** Die beiden Versuche der Nachfolger Jakobs II., sich der Krone zu bemächtigen, scheitern.

**1750**

# Geteiltes Europa

Nach den religiösen Unruhen, die mit der Reformation einhergingen, herrschte um 1550 in Europa zunächst Frieden. Doch die Konflikte zwischen Protestanten und Katholiken führten zu einem Bürgerkrieg in Frankreich und einem Aufstand gegen die spanische Herrschaft in den Niederlanden. Es wurde um die Kontrolle über die Ostsee gekämpft, und 1618 führten Rivalitäten zwischen Protestanten und Katholiken in Deutschland zu einem Krieg, der sich rasch in ganz Europa ausbreitete. Als er zu Ende ging, war Deutschland verwüstet, Spanien hatte seine Führungsrolle an Frankreich verloren, Schweden beherrschte Nordeuropa und die Ostsee, und die Niederlande waren unabhängig und reich geworden.

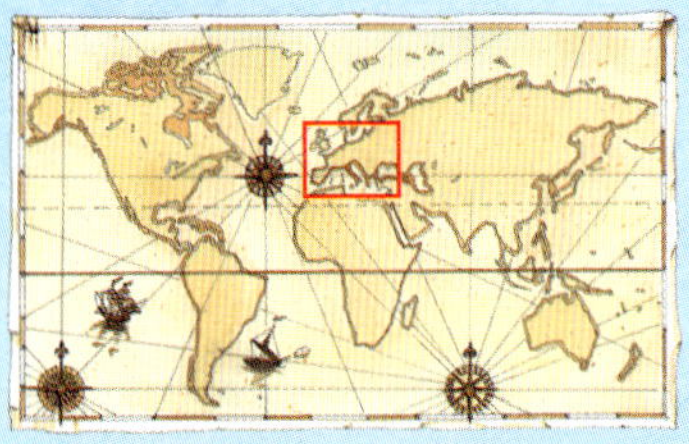

## Der Niederländische Aufstand

Die calvinistischen Niederländer gerieten mit ihren spanischen Beherrschern in Konflikt. 1568 lehnten sie sich auf und erklärten 1581 als Vereinigte Niederlande ihre Unabhängigkeit. Von Frankreich und England unterstützt, kämpften sie gegen Spanien, bis 1609 ein Waffenstillstand geschlossen wurde. 1648 erkannte Spanien endlich die Unabhängigkeit an. Der Wohlstand, den der Seehandel den Niederlanden im 17. Jahrhundert bescherte, ist manchen Städten – hier auf dem Foto Amsterdam – auch heute noch anzusehen.

## Der Dreißigjährige Krieg

1618 erhoben sich die Protestanten in Böhmen gegen den katholischen österreichischen Kaiser. Bald mischten sich protestantische und katholische deutsche Staaten in den Konflikt ein. Nach 1625 ging es in dem Krieg immer mehr um Macht, anstatt um Religion: Dänemark und später Schweden beteiligten sich auf protestantischer Seite, um ihre Herrschaft über die Ostsee auszuweiten. Dieses Gemälde (oben) stellt eine Szene der Schlacht bei Lützen (1632) dar.

## 1550 N. CHR.–1650 N. CHR.

**1550**

**1555** Der Augsburger Religionsfrieden stabilisiert die religiöse Situation in Deutschland.
**1556** Karl V. dankt ab. Er teilt das Habsburgerreich zwischen Spanien und Österreich.
**1556–98** Philipp II. regiert Spanien.
**1557–1629** Russland, Schweden und Polen kämpfen um Gebiete an der östlichen Ostsee.

**1560**

**1568–1609** Niederländischer Aufstand gegen den spanischen Statthalter.

**1570**

**1580**

**1580** Philipp II. von Spanien bemächtigt sich des portugiesischen Throns.
**1581** Die Niederländer erklären ihre Unabhängigkeit von Spanien und wählen Wilhelm von Oranien zum Gouverneur.

**1590**

**1593** Heinrich IV. von Frankreich tritt zum Katholizismus über.
**1598** Heinrich IV. garantiert im Edikt von Nantes den französischen Hugenotten Religionsfreiheit.
**1598** Ende der Religionskriege in Frankreich.

**1600**

**1609–21** Waffenstillstand zwischen den Niederlanden und Spanien.

**1610**

**1618–48** Mit einem protestantischen Aufstand in Böhmen beginnt der Dreißigjährige Krieg.

**1620**

**1620** Katholische Truppen schlagen den böhmischen Aufstand nieder.
**1620–28** Hugenottenaufstand in Frankreich endet mit Einnahme von La Rochelle.
**1621–25** Krieg Spanien gegen Niederlande.
**1624–42** Richelieu regiert Frankreich.
**1625** Dänemark im Dreißigjährigen Krieg.
**1628** Krieg zwischen Frankreich und Spanien.

**1630**

**1630** Schweden im Dreißigjährigen Krieg.
**1632** Der schwedische König Gustav Adolf stirbt in der Schlacht bei Lützen.
**1635** Frankreich tritt in den Dreißigjährigen Krieg ein.
**1639–51** England, Schottland und Irland in Bürgerkrieg verwickelt.

**1640**

**1640** Frankreich unterstützt Aufstände in Katalonien und Portugal gegen Spanien. Portugal wird wieder unabhängig.
**1643** Französischer Sieg über Spanien bei Rocroi.
**1647** Aufstand Süditaliens gegen spanische Herrschaft.
**1648** Der Westfälische Frieden beendet den Dreißigjährigen Krieg. Niederlande werden unabhängig.

**1650**

# Russlands Expansion

Im Laufe von 300 Jahren entwickelte sich der kleine, arme Moskauer Staat zum Russischen Reich, einer der bedeutendsten Nationen Europas. Die geringe Bevölkerungsdichte, die großen Entfernungen zwischen den Städten, das unwirtliche Klima und die großen Gebiete, in denen sich feindliche Armeen problemlos verstecken konnten, erschwerten diese Entwicklung. Eine wichtige treibende Kraft für Russland war Zar Peter der Große, der sein Land nach dem Vorbild der Länder Westeuropas organisierte und modernisierte. Der Sieg über Schweden 1721 verschaffte Russland Zugang zur Ostsee und bereitete den Weg für die Ausdehnung des Reichs im 18. Jahrhundert.

**Der Ural**
Der Ural bildet die Grenze zwischen Europa und Asien. Im späten 16. Jahrhundert überquerten die Russen dieses Gebirge und gründeten in Sibirien neue Städte.

**Die Geburt St. Petersburgs**
1703 wurde mit dem Bau einer neuen Hauptstadt an der Ostsee begonnen.

**Moskau**
Nach der Eroberung Konstantinopels durch die Osmanen 1453 wurde Moskau zum Zentrum des orthodoxen Christentums.

**Metallbearbeitung**
Im Ural entstanden zahlreiche staatliche Eisen und Kupfer verarbeitende Betriebe, um die Bodenschätze des Gebirges zu nutzen.

**Ab mit dem Bart**
Um Russland auch äußerlich dem Westen anzupassen, befahl Peter der Große den Adeligen, sich die Bärte abzuschneiden und westliche Kleidung zu tragen.

**Russische Marine**
Peter der Große studierte in England den dortigen Schiffbau, bevor er ab 1698 seine Marine aufbaute.

**Internationaler Handel**
Russische Kaufleute führten Seide, Tee und Edelsteine aus China sowie Textilien aus Persien und Zentralasien ein. Aus Europa importierten sie Zucker, Tabak und Wein.

**Pelzhandel**
Zur Förderung des Pelzhandels entstanden entlang der wichtigsten Handelsstraße nach China eine Reihe befestigter Handelsposten.

**Kontrolle über das Kaspische Meer**
1723 besetzten russische Truppen die West- und Südküsten des Kaspischen Meeres, wurden jedoch 1732 von den Persern bezwungen.

## Die Stadt Peters des Großen

Peter der Große wollte Russland ein „Fenster zur Welt“ geben, um den Austausch von Ideen, Waren und Technologie mit Westeuropa zu fördern. 1703 ordnete er den Bau der Stadt St. Petersburg an der sumpfigen Mündung der Newa in die Ostsee an. Tausende von Arbeitern starben beim Bau der Stadt. Sie verfügt über viele prunkvolle Gebäude, darunter den Winterpalast (links). 1712 wurde St. Petersburg zur Hauptstadt Russlands und damit zu einem der kulturellen und diplomatischen Zentren Europas.

**1450 N. CHR.–1800 N. CHR.**

**1450**

**1478** Von Iwan III., „dem Großen“, befehligt, besiegt Moskau seinen wichtigsten Rivalen Nowgorod.
**1480** Moskau wird von den Tataren unabhängig.

**1500**

**1501** Iwan III. dehnt sein Reich nach Westen in Richtung auf Polen hin aus.

**1533–84** Regierungszeit Iwans IV., „des Schrecklichen“.

**1547** Iwan IV. wird zum ersten Zaren (Kaiser) Russlands gekrönt.

**1550**

**1552** Russland beginnt, die Khanate (Staatsgebilde) der Tataren nördlich des Kaspischen Meeres zu erobern.

**1581** Beginn der Ausbreitung Russlands über den Ural und nach Sibirien.
**1582** Polen und Schweden verhindern, dass Russland Zugang zur Ostsee erhält.

**1600**

**1613–45** Regierungszeit von Michael I., dem ersten Zaren aus der Familie Romanow.

**1637** Russische Forschungsreisende erreichen erstmals die Pazifikküste Sibiriens.

**1650**

**1650–89** Russische Besetzung der Amur-Region nördlich von China.

**1682–1725** Regierungszeit Peters I., „des Großen“.

**1696** Durch die Eroberung des bis dahin osmanischen Asow erhält Russland Zugang zum Schwarzen Meer.
**1697–98** Peter I. bereist auf der Suche nach neuen Ideen zur Modernisierung seines Landes Westeuropa.

**1700**

**1700–21** Im Nordischen Krieg mit Schweden gewinnt Russland neue Gebiete an der Ostsee.
**1703** Beginn des Baus von St. Petersburg.

**1712** St. Petersburg wird anstelle von Moskau neue Hauptstadt Russlands.

**1750**

**1762–92** Regierungszeit Katharinas I., „der Großen“.
**1768–74** Im Krieg gegen die Osmanen erhält Russland Gebiete am Schwarzen Meer.
**1772** Die erste Aufteilung Polens unter Russland, Österreich und Preußen vergrößert das Russische Reich im Westen.
**1783** Russland erobert die Krim.
**1784** Gründung der ersten russischen Siedlungen in Alaska.

**1800**

# China und Japan

Im Jahr 1368 hatte die Ming-Dynastie die Mongolen als Herrscher der Region verdrängt. 1644 traten an die Stelle der Ming-Dynastie wiederum fremde Herrscher, die Mandschu, die aus der nördlichen Region Mandschurei stammten. Die Mandschu übernahmen rasch chinesische Bräuche. Wichtiger aber war, dass sie China in einen gut verwalteten, mächtigen und reichen Staat verwandelten. Nachbarstaaten wie z. B. Korea wurden Vasallen Chinas. Japan blieb unabhängig und wurde offiziell von einem Kaiser regiert, in Wirklichkeit aber von mächtigen Shogunen (Kriegsherren). Es gab kaum Kontakte zu Europa.

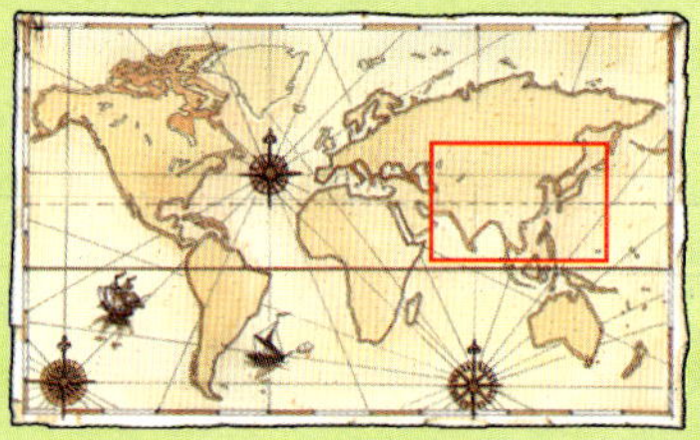

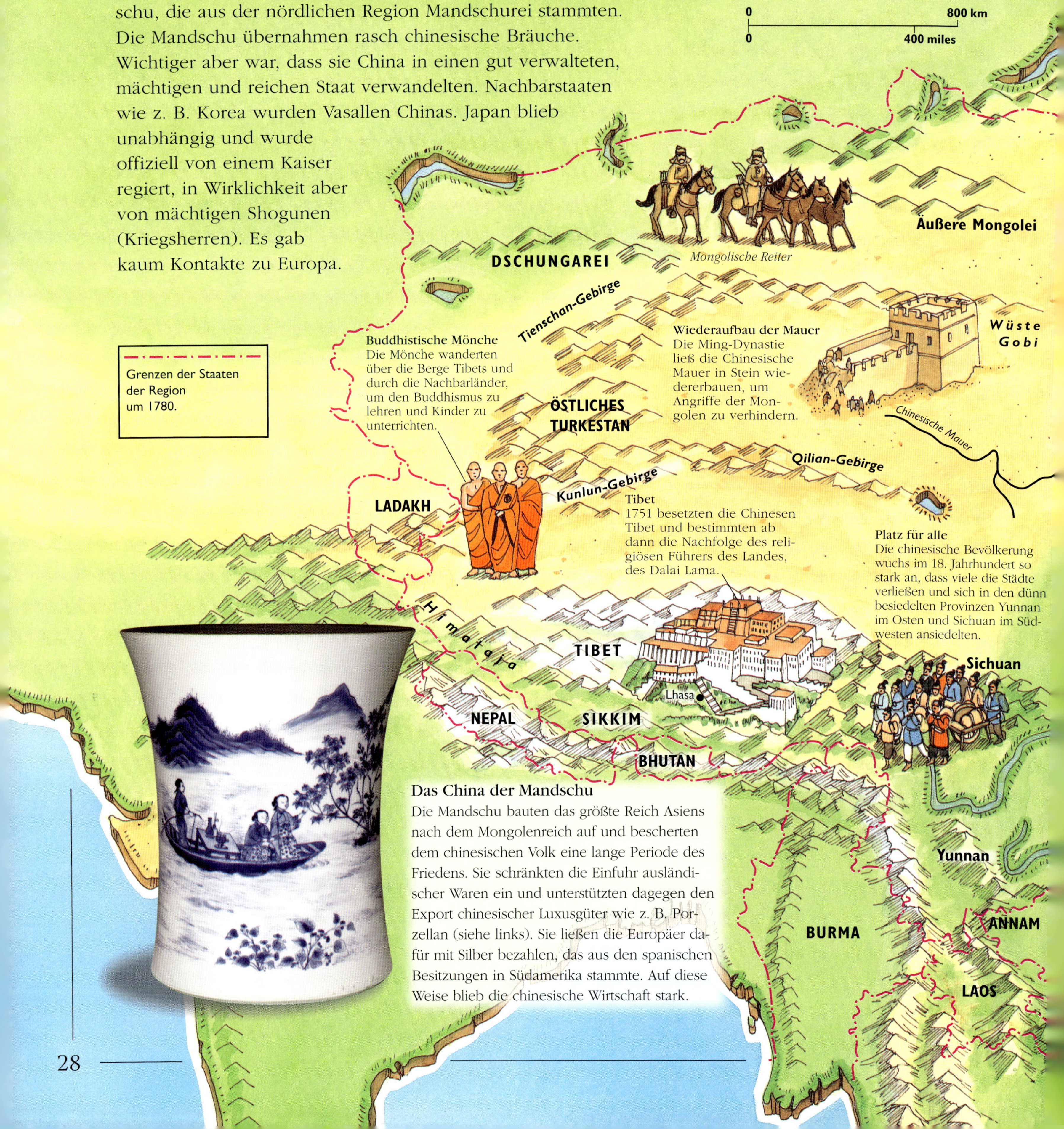


### Das China der Mandschu

Die Mandschu bauten das größte Reich Asiens nach dem Mongolenreich auf und bescherten dem chinesischen Volk eine lange Periode des Friedens. Sie schränkten die Einfuhr ausländischer Waren ein und unterstützten dagegen den Export chinesischer Luxusgüter wie z. B. Porzellan (siehe links). Sie ließen die Europäer dafür mit Silber bezahlen, das aus den spanischen Besitzungen in Südamerika stammte. Auf diese Weise blieb die chinesische Wirtschaft stark.

**Forts für den Pelzhandel**
1689 tauschten die Russen eine Festung in der Mandschurei ein, um besseren Zugang zu chinesischen Märkten zu erhalten, und verkauften in Peking sibirische Pelze.

**Mandschu**
Man nimmt an, dass das Wort „Mandschu" vom Namen Manjusri abgeleitet ist. Manjusri war ein frommer Buddhist und *bodhisattva* (geistlicher Lehrer), der auf dem Berg Wutai bei Peking lebte.

**Nō-Theater**
Die *daimyos* (japanische Adelige) förderten die Künste wie z. B. das Nō-Theater, die Teezeremonie, die Dichtkunst und die Malerei.

**Baumwollanbau**
Die von den Mongolen angelegten Baumwollfelder in Nordchina versorgten die blühende Textilindustrie im Delta des Jangtsekiang im Süden.

**Die Weidenpalisade**
Zum Schutz der Dörfer nördlich der chinesischen Mauer ließen die Ming-Kaiser eine Mauer aus Holz mit Toren und Wachtürmen bauen.

**Berittene Boten**
Die Ming-Kaiser richteten einen Kurierdienst ein. Die Beförderung einer Nachricht von Nord- nach Südchina dauerte sieben Wochen.

**Angriff auf Korea**
Eine 200.000 Mann starke japanische Armee fiel 1592 in Korea ein, wurde aber von der chinesischen Armee und Marine vertrieben.

**Die Burg Azuchi**
Die Burg Azuchi, mit deren Bau 1576 begonnen wurde, war nicht nur Verwaltungszentrum, sondern auch eine Festung zur Bewachung der fruchtbaren Ebenen.

**Nagasaki**
Ab 1570 machte der örtliche *daimyo* (Adelige) das kleine Fischerdorf Nagasaki zu Japans wichtigstem Hafen für den Außenhandel.

**Hohe Nachfrage**
Die Baumwolle wurde nach der Ernte auf Schiffen auf dem Großen Kanal und dem Jangtsekiang zu den Fabriken im Deltagebiet transportiert.

**Die Niederländer**
Niederländische Kaufleute erbauten 1622 ihr befestigtes Hauptquartier in Taiwan. Von hier aus trieben sie mit dem chinesischen Festland Handel. Die Insel kam erst 1683 zu China.

**Europäischer Handel**
Die Portugiesen gründeten 1557 einen Handelsposten in Macao. Dies war der erste europäische Eingriff in die chinesische Wirtschaft.

**Seehandel**
Die Chinesen führten Textilien aus Baumwolle, Seide, Tee, Porzellan und Eisenwaren in die Länder Südostasiens und östlich des Indischen Ozeans aus und tauschten dafür europäisches Silber ein.

## 1500 N. CHR.–1800 N. CHR.

**1500**

**1500** In China leben ungefähr 90 Millionen Menschen.

**1520–21** Als erste Europäer nehmen Portugiesen Handelskontakte mit China auf.

**Ab 1520** Wako-Piraten aus Japan überfallen die Küsten Chinas.

**1542** Portugiesen erreichen erstmals Japan.

**1542, 50** Mongolen fallen in Ming-China ein.

**1548–61** Portugiesen bekehren einige Japaner zum Christentum.

**1550**

**1556** Beim schlimmsten chinesischen Erdbeben sterben 850.000 Menschen.

**1557** Portugiesen gründen einen Handelsposten in Macao.

**1568** Nobunaga, Anführer des Oda-Clans, beginnt Zentraljapan zu einen.

**1570** Nagasaki wird zum wichtigsten japanischen Hafen für den Außenhandel.

**1580** In China leben jetzt 130 Millionen Menschen.

**Ab 1580** Niedergang der Ming-Dynastie.

**1582** Hideyoshi folgt Nobunaga nach und kontrolliert bald Ost- und Nordjapan.

**1592, 97** Japan greift Korea an.

**1600**

**1603** Die neue Tokugawa-Dynastie der Shogune regiert Japan.

**1609** Niederländer gründen Handelsposten in Japan.

**1615** Nurhachi Anführer der Mandschu.

**1622** Niederländer gründen Handelsposten auf Taiwan.

**1627** In ganz China brechen Aufstände aus.

**1637** Mandschu regieren Korea.

**1638** Massaker an 37.000 japanischen Christen.

**1641** Portugiesen aus Japan vertrieben.

**1644** Mandschu besetzen China. Beginn der Qing-Dynastie.

**1650**

**1650** Chinesische Bevölkerung geht auf 100 Millionen zurück.

**1662–1722** Kaiser Kangxi regiert China.

**1683** Chinesen erobern Taiwan.

**1689** Die Russen tauschen die Amur-Region gegen Erleichterungen für den Handel ein.

**1700**

**1715** Japaner schränken den Handel mit den Niederländern ein.

**1727** Einigung zwischen China und Russland bezüglich der Grenze.

**1736–95** Kaiser Qianlong regiert China.

**1750**

**1751** Chinesen besetzen Tibet.

**1755–60** Chinesen erobern Turkestan und Dschungarei im Westen.

**Ab 1760** Bauernaufstände gegen die Tokugawa-Regierung in Japan.

**1800** In China leben jetzt 300 Millionen Menschen.

**1800**

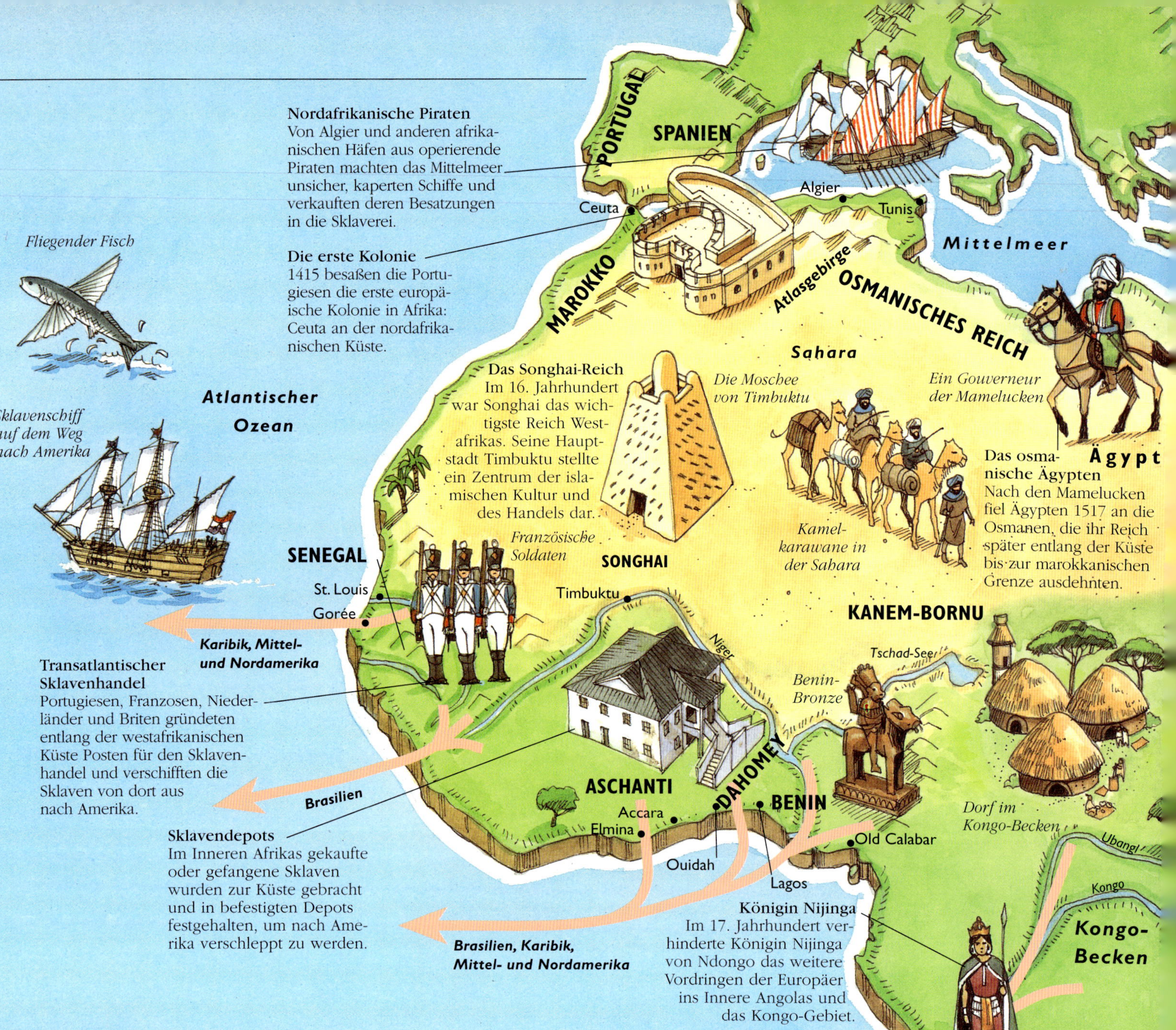


**Nordafrikanische Piraten**
Von Algier und anderen afrikanischen Häfen aus operierende Piraten machten das Mittelmeer unsicher, kaperten Schiffe und verkauften deren Besatzungen in die Sklaverei.

**Die erste Kolonie**
1415 besaßen die Portugiesen die erste europäische Kolonie in Afrika: Ceuta an der nordafrikanischen Küste.

**Das Songhai-Reich**
Im 16. Jahrhundert war Songhai das wichtigste Reich Westafrikas. Seine Hauptstadt Timbuktu stellte ein Zentrum der islamischen Kultur und des Handels dar.

**Das osmanische Ägypten**
Nach den Mamelucken fiel Ägypten 1517 an die Osmanen, die ihr Reich später entlang der Küste bis zur marokkanischen Grenze ausdehnten.

**Transatlantischer Sklavenhandel**
Portugiesen, Franzosen, Niederländer und Briten gründeten entlang der westafrikanischen Küste Posten für den Sklavenhandel und verschifften die Sklaven von dort aus nach Amerika.

**Sklavendepots**
Im Inneren Afrikas gekaufte oder gefangene Sklaven wurden zur Küste gebracht und in befestigten Depots festgehalten, um nach Amerika verschleppt zu werden.

**Königin Nijinga**
Im 17. Jahrhundert verhinderte Königin Nijinga von Ndongo das weitere Vordringen der Europäer ins Innere Angolas und das Kongo-Gebiet.

# Afrika

Nach den Portugiesen (1415) folgten die anderen europäischen Nationen und begannen, die West- und die Ostküste Afrikas zu kolonisieren. Ursprünglich hatten sie auf dem Kontinent nach Gold suchen wollen, doch bald stiegen sie in den Sklavenhandel ein. Die Spanier verschleppten 1517 als Erste afrikanische Sklaven nach Amerika. Als der Sklavenhandel im 19. Jahrhundert verboten wurde, waren mehr als zehn Millionen Afrikaner in Ketten über den Atlantischen Ozean geschafft worden. Die menschlichen und sozialen Auswirkungen des Sklavenhandels auf Afrika sind immer noch unabsehbar. Die einzige Region, die davon unberührt blieb, war der überwiegend islamische Norden, der vom Osmanischen Reich, dem Songhai-Reich und anderen kleineren Reichen beherrscht wurde.

**Sklavenschiffe**
Der erste spanische Sklaventransport in die Karibik erfolgte 1517, doch erst ab dem 17. Jahrhundert wurden größere Kontingente (Gruppen) von Sklaven verschifft.

**Die Kap-Kolonie**
1652 gründeten die Niederländer in Kapstadt eine Kolonie. Bis zum späten 18. Jahrhundert hatte sich die Stadt zur größten europäischen Siedlung in Afrika entwickelt.

## Die Portugiesen an der Ostküste

1498 umsegelte der portugiesische Seefahrer Vasco da Gama auf seinem Weg nach Indien das Kap der Guten Hoffnung und erschloss dadurch eine neue Handelsroute nach Indien. Bald gründeten die Portugiesen entlang der Ostküste eine Kette von Handelsposten, darunter auch Kilwa (links). Sie verlief von Delagoa-Bai im Süden bis zur Insel Sokotra an der Mündung des Roten Meers im Norden.

**Die Jesuiten**
Jesuitische Missionare kamen ab 1557 nach Äthiopien, um die dortigen koptischen Christen zum Katholizismus zu bekehren.

**Arabische Kaufleute**
Arabische Dhaus (Segelschiffe) beförderten Handelswaren zwischen Indien, der Arabischen Halbinsel und dem Persischen Golf. Ihre größten Konkurrenten waren die Portugiesen.

**Solidarität der Christen**
1543 unterstützten die Portugiesen mit ihren Truppen die christlichen Äthiopier, um bei Woina Dega eine Invasion zu stoppen.

**Portugiesischer Handel**
Nach 1505 gründeten die Portugiesen an der Ostküste Afrikas Niederlassungen und handelten von hier aus in der Region des Indischen Ozeans mit Gold, Elfenbein und Gewürzen.

*Die Große Moschee von Kilwa*

**Gold**
Angehörige der Völker der Shona und Makua schürften am Malawi-See nach Gold. Bei den arabischen und portugiesischen Händlern an der Küste tauschten sie es für Gewehre, Textilien und andere Waren ein.

Die Pfeile zeigen Richtung und Ziel der Schiffe des transatlantischen Sklavenhandels an.

## 1450 N. CHR.–1800 N. CHR.

**1450**

**1482** Zum Schutz ihres Goldhandels bauen die Portugiesen bei Elmina in Westafrika eine Festung.
**1488** Der portugiesische Seefahrer Bartolomeu Diaz umsegelt als erster Europäer Afrika, um in den Indischen Ozean zu gelangen.
**1498** Vasco da Gama erschließt eine Seeroute um Afrika herum nach Indien.

**1500**

**1505** Portugiesen beginnen, Mosambik und Teile der ostafrikanischen Küste zu kolonisieren.
**1517** Spanier beginnen, Sklaven aus Afrika in die Karibik zu verschiffen.
**1517** Osmanen erobern Ägypten.
**1527–43** Das islamische Reich Adal greift Äthiopien an.
**1529** Größte Ausdehnung des Songhai-Reichs.

**1550**

**1557** Ankunft der Jesuiten-Missionare in Äthiopien.
**1570** König Idris III. Aloma gründet das mächtige islamische Reich Kanem-Bornu.
**1575** Portugiesen beginnen mit der Kolonisierung Angolas.
**1591** Die marokkanische Armee erobert das Songhai-Reich.
**1592** Briten verschiffen erstmals Sklaven nach Amerika.
**1598** Portugiesen kolonisieren Mombasa.

**1600**

**1600** Größte Ausdehnung des Munhumutapa-Reichs in Ostafrika.
**1624–43** Königin Nijinga regiert Ndongo.
**1626** Franzosen beginnen, den Senegal und Madagaskar zu kolonisieren.
**1626–32** Der Katholizismus wird zur offiziellen Religion Äthiopiens.
**1637** Niederländer erobern die portugiesische Festung Elmina.

**1650**

**1652** Omaner von der Arabischen Halbinsel greifen Sansibar an und bedrohen dadurch erstmals den portugiesischen Handel in Ostafrika.
**1652** Gründung von Kapstadt durch die Niederländer.
**1698** Omaner begründen das Sultanat Sansibar und vertreiben die Portugiesen von der Ostküste.

**1700**

**1700** Die Königreiche Aschanti und Dahomey beherrschen die westafrikanische Küste.
**1705–14** Nordafrika wird vom Osmanischen Reich weitgehend unabhängig.
**1713** Briten monopolisieren den Transport afrikanischer Sklaven nach Lateinamerika.
**1724** Dahomey liefert europäischen Sklavenhändlern Sklaven.

**1750**

**Ab 1750** Entstehung des mächtigen Lunda-Reichs in Zentralafrika.
**1758–83** Briten und Franzosen kämpfen um die Kontrolle über den Senegal.

**1800**

# Der Sklavenhandel:

## Der furchtbare Menschenhandel

Die Sklaverei ist wohl so alt wie die Menschheit, doch im 16. Jahrhundert zeichnete sich in der Geschichte der Sklaverei eine neue, schreckliche Entwicklung ab. 1502 brachte ein portugiesisches Schiff westafrikanische Sklaven nach Amerika. Ab 1517 fanden regelmäßige Sklaventransporte statt. Die steigende Nachfrage nach Arbeitskräften für die neuen Zuckerplantagen und Bergwerke führte dazu, dass immer größere Kontingente von Menschen verschleppt wurden. Der so genannte transatlantische Sklavenhandel, der Transport von Sklaven von Afrika nach Amerika, erlebte seine Blüte im 17. und 18. Jahrhundert. Bis zu seiner Beendigung im 19. Jahrhundert wurden ungefähr zehn Millionen Afrikaner in Ketten nach Amerika verschleppt. Den Sklavenhändlern und den amerikanischen Großgrundbesitzern brachte der Sklavenhandel Reichtum, auf Afrika aber wirkte er sich verheerend aus.

**Handel mit Menschenleben**
Afrikaner, die bei Kriegen zwischen Reichen gefangen genommen worden waren oder auf andere Weise ihre Freiheit verloren hatten, wurden von afrikanischen Sklavenhändlern zur Küste gebracht und an Europäer verkauft. Der Stich hier oben zeigt einen Mann, der auf Gorée Sklaven kauft. Gorée ist eine Insel in Westafrika, vor der Küste des Senegal. Hier wurden die Sklaven gebrandmarkt und gefangen gehalten, bis das Schiff kam, das sie nach Amerika brachte.

**Auf der Plantage**
Das Leben auf den Plantagen (hier eine Zuckerplantage auf der karibischen Insel Antigua) war sehr hart. Die Sklaven waren das Eigentum des Plantagenbesitzers und hatten keinerlei Rechte. Sie mussten lange und schwer arbeiten. Häufig peitschte man sie aus, um sie anzutreiben oder zu bestrafen. Sie verdienten kein Geld und erhielten gerade genug zu essen, um am Leben zu bleiben.

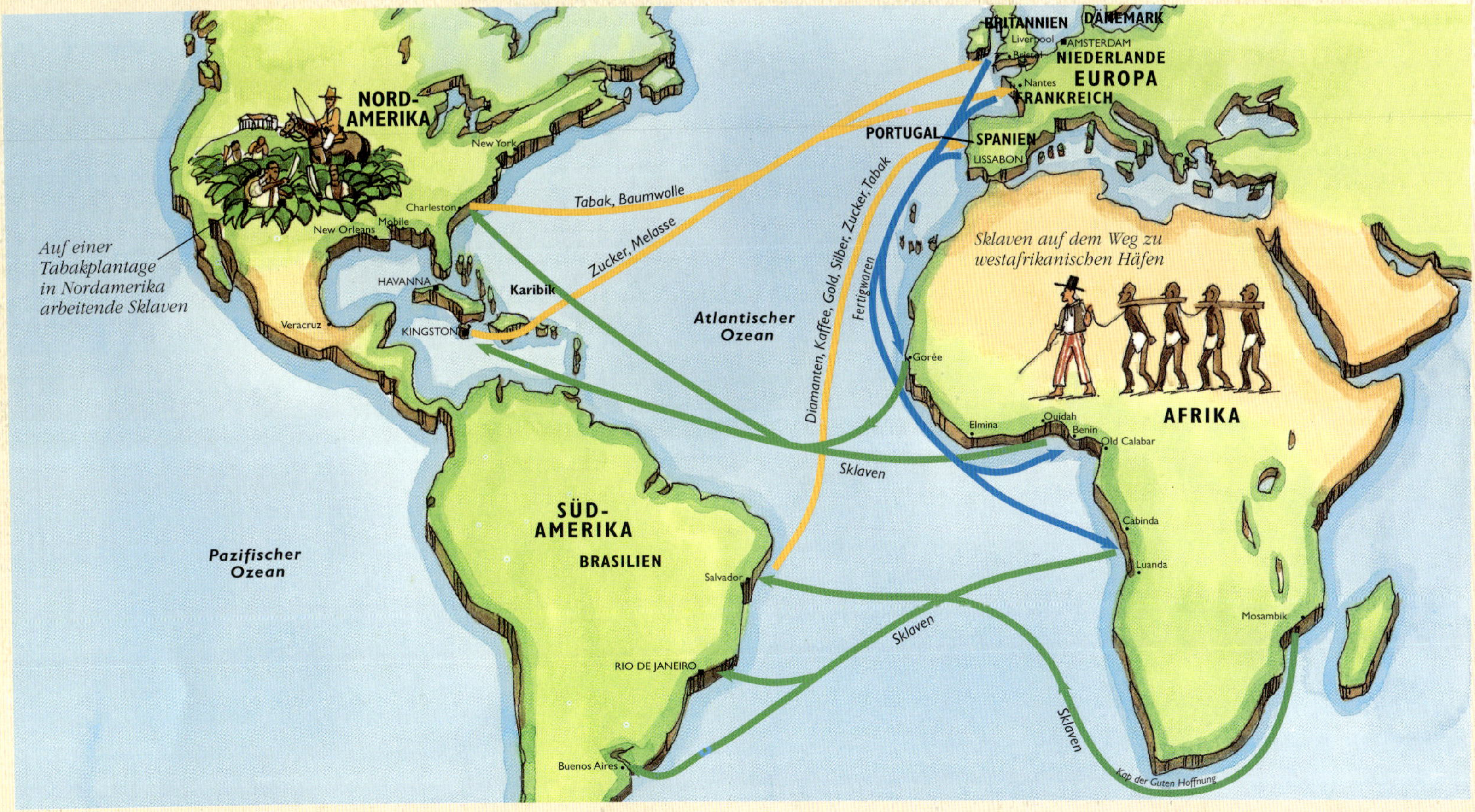


## Der transatlantische Dreieckshandel

Wie hier oben auf der Karte bildeten die Routen der Sklavenschiffe im Atlantischen Ozean ein Dreieck. Mit Fertigwaren wie Gewehren oder Baumwollstoffen an Bord segelten die Schiffe von westeuropäischen Häfen zur Küste Westafrikas. Hier wurden die Waren gegen Sklaven eingetauscht, die nach Brasilien, in die Karibik, nach Mittel- und Nordamerika gebracht wurden. Dort verkaufte man die Sklaven an die Plantagenbesitzer. Die Schiffe kehrten mit Zucker, Rum, Tabak, Baumwolle, Kaffee und mitunter auch mit Silber und Edelsteinen nach Europa zurück.

LEGENDE: DER DREIECKSHANDEL

- Schiffe bringen Fertigwaren von Europa nach Afrika.
- Sklaven werden über den Atlantik nach Amerika gebracht.
- Schiffe kehren mit Rohstoffen aus Amerika nach Europa zurück.

## Erinnerung an die Vergangenheit

Der europäische Handel mit afrikanischen Sklaven wurde im 19. Jahrhundert beendet, doch seine Auswirkungen sind bis heute spürbar. Die Wirtschaft und Gesellschaft vieler Teile Afrikas erholte sich nie wirklich davon, dass diese Regionen so vieler junger Männer und Frauen beraubt wurden. Andererseits sind die Nachkommen der Sklaven heute zwar frei, werden aber immer noch unfair behandelt und ausgegrenzt. Diese Statue (rechts) soll an die Sklaven auf Barbados erinnern, eine Insel in der Karibik.

## Überfahrt im Sklavenschiff

Die Fahrt von Afrika nach Amerika dauerte bis zu 16 Wochen. Die Lebensbedingungen an Bord waren menschenunwürdig. Hunderte von Sklaven wurden, wie auf diesem Bild, auf engstem Raum eingesperrt. Damit sie nicht über Bord springen konnten, waren sie aneinander gekettet. Bis zu vier von zehn Sklaven starben während der Überfahrt.

# Die Kolonisierung Nordamerikas

Als die ersten Europäer nach Nordamerika kamen, ahnten sie nicht, dass sie einen ihnen bis dahin unbekannten Erdteil entdeckt hatten, und glaubten, in Asien zu sein. Die spanischen Konquistadoren erwarteten, hier wie zuvor in Mexiko und Peru Städte voller Goldschätze zu finden. Wie reich an Rohstoffen und wie fruchtbar dieser Teil des Kontinents war, wurde den Europäern erst viel später klar. Dennoch begannen sie, diese neue Welt zu besiedeln und zu erschließen. Franzosen und Engländer fingen im Norden Pelztiere, während sich Bauern aus verschiedenen europäischen Ländern an der Ostküste niederließen. Nach der ersten Überquerung der Appalachen 1671 gingen immer mehr Siedler in den Westen, um dort fruchtbares Land zu bebauen.

**Henry Hudson**
1611 machte sich Hudson auf die Suche nach der Nordwestpassage zum Pazifischen Ozean, doch seine Mannschaft meuterte. Hudson, sein Sohn und sieben loyale Matrosen wurden in einem Boot ausgesetzt.

Winnipeg-See

**Kanada**

**Hudson's Bay Company**
Nach 1670 gründete die englische Hudson's Bay Company an der Hudsonbai Handelsposten. Hier konnten die Cree Felle gegen Waren eintauschen. 1686 nahmen die Franzosen alle Handelsposten ein.

**Große Seen**

**Rocky Mountains**

*Bisonherde*

**Bisonjagd**
Die Prärieindianer jagten Bisons und verwerteten deren Fleisch, Felle und Knochen.

Great Plains

**New Mexico**
1609 richteten sie die Spanier ein Hauptquartier in Santa Fé ein, doch das raue Klima schreckte spanische Siedler ab.

*Zelte der Prärieindianer*

Mississippi

Santa Fé

**Auf der Suche nach Gold**
Eine spanische Expedition unter Leitung von Hernando de Soto suchte von 1539 bis 1543 am Mississippi nach Gold und verhielt sich sehr grausam gegenüber den Indianern, denen sie unterwegs begegnete.

**Die ersten Siedler**
Die ersten europäischen Siedler bewohnten die Ostküste Nordamerikas: die Spanier den Süden, die Engländer, Niederländer und Schweden den mittleren Abschnitt und die Franzosen den Norden und das Gebiet am St.-Lorenz-Strom. Viele dieser Auswanderer waren vor religiöser oder politischer Verfolgung aus Europa geflohen und wollten sich in der Neuen Welt ein neues Leben aufbauen. Sie legten Felder an, züchteten Vieh und trieben mit den amerikanischen Ureinwohnern Handel. Schiffe aus Europa versorgten sie mit allem, was es in Amerika noch nicht gab.

*Dorf aus Lehmziegeln im Südwesten*

**Louisiana**

**Flussabwärts**
1682 befuhr Robert de la Salle als erster Europäer den Mississippi flussabwärts. Enttäuscht stellte er fest, dass der Fluss in den Golf von Mexiko mündete und nicht in den Pazifischen Ozean.

**Spanische Entdecker**
Im 16. Jahrhundert drangen immer wieder spanische Militärexpeditionen von Mexiko und der Karibik aus nach Nordamerika vor, um nach Gold zu suchen und die Ureinwohner zum Christentum zu bekehren. Sie hatten keinen Erfolg.

**Mexiko**

## 1450 N. CHR.–1800 N. CHR.

**1450**

**1492** Kolumbus gelangt in die Karibik.
**1497** Der italienische Seefahrer John Cabot erreicht als erster Europäer Nordamerika und geht in Neufundland an Land.

**1500**

**1513** Ponce de Léon erkundet für Spanien die Küste Floridas.
**1524** Giovanni da Verrazano erkundet für Frankreich die Atlantikküste Nordamerikas.
**1526** Spanier bringen erstmals afrikanische Sklaven nach Nordamerika.
**1534–35** Jacques Cartier erkundet den St.-Lorenz-Strom in Kanada.
**1539–42** Hernando de Soto erkundet Florida für Spanien.
**1540–42** Größere spanische Expedition nach New Mexico.

**1550**

**1565** Zur Verteidigung der nach Spanien zurückkehrenden, mit Gold beladenen Schiffe bauen die Spanier in St. Augustine in Florida ihre erste nordamerikanische Festung.
**1584–87** Engländer siedeln sich auf der Insel Roanoke an.

**1600**

**1607** Gründung von Jamestown.
**1608** Samuel de Champlain gründet Quebec.
**1610–11** Henry Hudsons Suche nach der Nordwestpassage zum Pazifik scheitert.
**1613** Beginn des französischen Pelzhandels im Gebiet der Großen Seen.
**1619** Niederländer führen erstmals 20 afrikanische Sklaven nach Virginia ein.
**1620** Ankunft der Pilgerväter in Plymouth.
**1626** Niederländer kaufen Manhattan.
**1630–70** Französische Jesuiten erkunden die Großen Seen.

**1650**

**1664** Briten kaufen den Niederländern Neu Amsterdam ab und nennen es New York.
**1670** Engländer gründen Hudson's Bay Company und handeln in Nordkanada mit Pelzen.
**1671** Als erste Europäer überqueren die Engländer Batts und Fallam die Appalachen und gelangen ins Ohio-Tal.
**1681–82** Robert de la Salle fährt mit einem Kanu den gesamten Mississippi hinunter.
**1681–82** William Penn gründet Pennsylvania.
**1686–90** Die Spanier erkunden Texas.

**1700**

**1713** Die Briten übernehmen von den Franzosen Nova Scotia und Neufundland.
**1731** Beginn des französischen Pelzhandels im Gebiet des Winnipeg-Sees.

**1750**

**1755–63** Im Siebenjährigen Krieg kämpfen Franzosen und Indianer gegen die Briten.
**1760** Mit der Eroberung Montreals beendet Amherst die französische Kontrolle über Kanada.
**1763** Der Vertrag von Paris schlägt Französisch-Kanada Britannien und Louisiana Spanien zu.

**1800**

# Der Absolutismus

Um die Mitte des 17. Jahrhunderts traten in Europa mehrere starke Monarchen auf. Dies war die Zeit des Absolutismus: Mächtige Könige wollten ihre jeweiligen Länder ganz alleine beherrschen und fühlten sich niemandem gegenüber verantwortlich. In reinster Form wurde diese Idee von Ludwig XIV. von Frankreich verkörpert, von dem das berühmte Zitat stammt: „Ich bin der Staat." Unter Ludwig XIV. führte Frankreich eine Reihe von Kriegen gegen die Habsburger von Spanien und Österreich und war 1715 zum mächtigsten Staat Europas geworden. Preußen entwickelte sich zum stärksten Staat in Deutschland, während Österreich bis 1750 zum führenden Staat in Mittel- und Osteuropa geworden war.

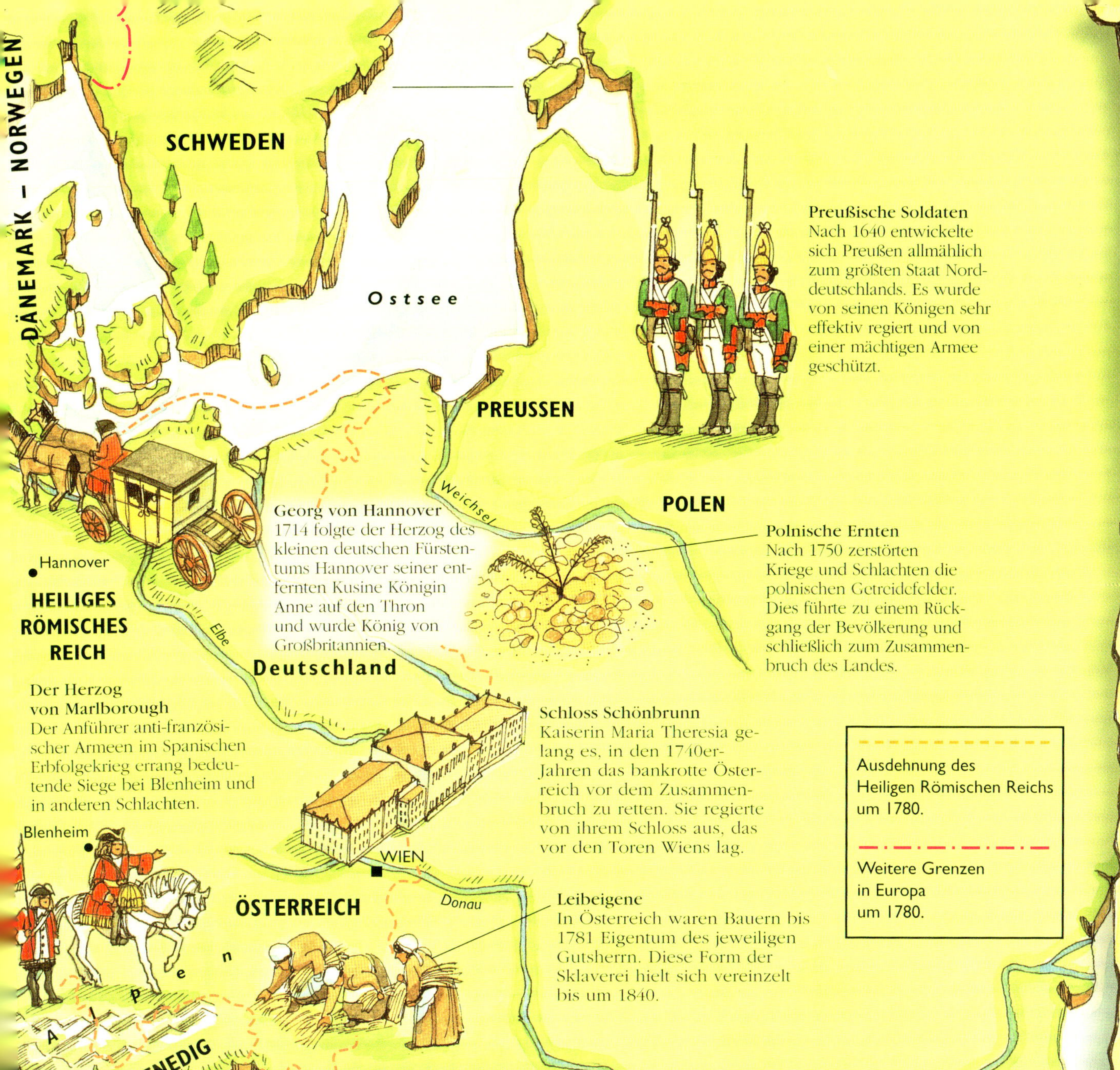


**Preußische Soldaten**
Nach 1640 entwickelte sich Preußen allmählich zum größten Staat Norddeutschlands. Es wurde von seinen Königen sehr effektiv regiert und von einer mächtigen Armee geschützt.

**Georg von Hannover**
1714 folgte der Herzog des kleinen deutschen Fürstentums Hannover seiner entfernten Kusine Königin Anne auf den Thron und wurde König von Großbritannien.

**Polnische Ernten**
Nach 1750 zerstörten Kriege und Schlachten die polnischen Getreidefelder. Dies führte zu einem Rückgang der Bevölkerung und schließlich zum Zusammenbruch des Landes.

**Der Herzog von Marlborough**
Der Anführer anti-französischer Armeen im Spanischen Erbfolgekrieg errang bedeutende Siege bei Blenheim und in anderen Schlachten.

**Schloss Schönbrunn**
Kaiserin Maria Theresia gelang es, in den 1740er-Jahren das bankrotte Österreich vor dem Zusammenbruch zu retten. Sie regierte von ihrem Schloss aus, das vor den Toren Wiens lag.

**Leibeigene**
In Österreich waren Bauern bis 1781 Eigentum des jeweiligen Gutsherrn. Diese Form der Sklaverei hielt sich vereinzelt bis um 1840.

**Der Papst**
Während er in Italien weiterhin ein wichtiger Herrscher war, ging der politische Einfluss des Papstes im übrigen Europa in dieser Zeit stark zurück.

**Das Schloss von Versailles**
1662 wurde in Versailles bei Paris mit dem Bau eines neuen Schlosses für Ludwig XIV. begonnen. Die Arbeiten nahmen 20 Jahre in Anspruch. Nach seiner Fertigstellung wurde das Schloss zum Zentrum des politischen, diplomatischen und kulturellen Lebens Frankreichs. In dem prachtvollen Schloss, in dem auch die wichtigsten Adeligen sowie Theaterautoren und andere Künstler lebten, hielt Ludwig Hof. Viele andere europäische Herrscher versuchten, seinem Beispiel zu folgen.

## 1640 N. CHR.–1780 N. CHR.

**1640**

**1643** Ludwig XIV. wird im Alter von fünf Jahren König von Frankreich. Bis zu seiner Volljährigkeit führt Kardinal Mazarin die Staatsgeschäfte.

**1659** Frankreich beendet den 24-jährigen Krieg gegen Spanien.

**1660**

**1661** Nach dem Tod Kardinal Mazarins übernimmt Ludwig XIV. die Regierung.

**1664–84** Der Canal du Midi wird quer durch Frankreich gebaut, um Atlantischen Ozean und Mittelmeer zu verbinden.

**1667–68** Frankreich greift die Spanischen Niederlande an.

**1672–78** Frankreich besetzt den Großteil der Niederlande.

**1680**

**1685** Ludwig XIV. widerruft das Edikt von Nantes (1598), das den Hugenotten Religionsfreiheit zusicherte.

**1688–97** Eine von den Niederlanden angeführte Allianz versucht, Frankreich an der Besetzung des Rheinlands zu hindern. Beginn des Neunjährigen Kriegs.

**1689** Wilhelm III. von Oranien wird König von Britannien.

**1700**

**1701–13/14** Spanischer Erbfolgekrieg.

**1707** Realunion von England und Schottland unter Königin Anne. Damit Entstehung Großbritanniens.

**1713** Utrechter Frieden beendet den Spanischen Erbfolgekrieg. Ludwigs Enkel Philipp wird König von Spanien.

**1713–40** Friedrich Wilhelm I. stärkt die preußische Militärmacht.

**1714** Die Kurfürsten von Hannover werden zu Königen von Großbritannien.

**1715** Tod Ludwigs XIV.

**1720**

**1721** Robert Walpole wird zum ersten britischen Premierminister. Großbritannien erlebt eine Blütezeit.

**1733–35** Polnischer Erbfolgekrieg: Polen wird nun von Österreich und Russland beherrscht.

**1740**

**1740–48** Österreichischer Erbfolgekrieg: Maria Theresia kämpft um ihren Thron.

**1740–86** Friedrich II., „der Große", macht Preußen zum stärksten Staat in Norddeutschland.

**1756–63** Siebenjähriger Krieg: Frankreich und Österreich kämpfen gegen Großbritannien und Preußen. Großbritannien erobert die französischen Kolonien in Indien und Nordamerika.

**1760**

**1766** Frankreich erwirbt Lothringens Ostprovinzen.

**1769** Frankreich kauft Genua Korsika ab.

**1772** Erste Teilung Polens: Russland, Österreich und Preußen bemächtigen sich polnischer Gebiete.

**1780**

# Die Revolution des Denkens:

## Eine aufgeklärte Sicht der Welt

Um die Mitte des 17. Jahrhunderts kam in Europa eine neue Weltanschauung auf. Da ihre neuartigen Ideen eher auf Logik und Verstand beruhten als auf alten christlichen Glaubensvorstellungen, bezeichnete man sie als „Aufklärung". Die Aufklärung wirkte sich nicht nur auf Philosophie und Politik entscheidend aus, sondern auch auf die Naturwissenschaften und die Technik. Die Katholische Kirche stellte sich gegen die Aufklärung, doch einige Herrscher unterstützten sie, gründeten Universitäten und wissenschaftliche Gesellschaften und sicherten ihren Untertanen religiöse und politische Freiheit zu.

**Politik**
Die Aufklärung veränderte das politische Denken und trug mit zum Ausbruch der Französischen Revolution (1789–1799) bei. In den Jahren 1791 bis 1792 verfasste Thomas Paine (1737–1809, rechts) die Schrift *Menschenrechte* und musste deshalb nach Frankreich fliehen. Dort schrieb er das Buch *Das Zeitalter der Vernunft* (1795), in dem er das Christentum angriff, und wäre dafür beinahe hingerichtet worden.

**Philosophie**
Der französische Philosoph René Descartes (1596–1650, links) wird von vielen als der Begründer der modernen Philosophie angesehen, weil er in den Mittelpunkt seines Denkens Logik und Verstand stellte. Seine Überzeugung fasste er in dem Satz zusammen: „Ich denke, also bin ich." Ein Jahrhundert später schrieb Voltaire (1694–1778) zahlreiche witzige Pamphlete, Romane und Theaterstücke, die in ganz Europa ein breites Publikum fanden und so die Ideen der Aufklärung verbreiteten.

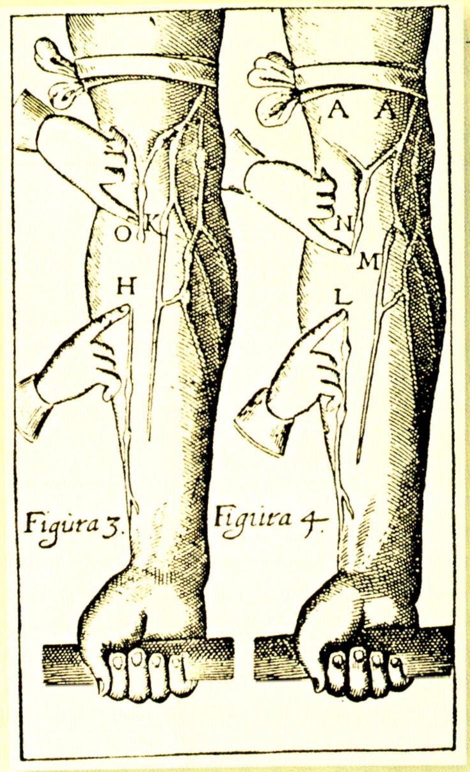


## Anatomie

1628 veröffentlichte William Harvey *De Motu Cordis*: „Über die Bewegung des Herzens". Darin beschrieb er, dass das Blut vom Herzen in Bewegung gepumpt wird und ständig durch den Körper strömt. Seine Erklärungen widerlegten 1.400 Jahre alte, von den Griechen übernommene medizinische Lehren.

## Naturwissenschaft

Der englische Naturwissenschaftler Isaac Newton (1642–1727, rechts) bewies, dass weißes Licht aus einem Spektrum von Farben zusammengesetzt ist. Dies tat er, indem er es mit einem Glasprisma brach. Noch wichtiger aber war seine Entdeckung der drei Bewegungsgesetze und die Entdeckung der Schwerkraft.

## Astronomie

Sowohl Galileo Galilei (1564–1642) als auch Johannes Kepler (1571–1630) entwickelten die Grundideen des Kopernikus (siehe S. 14) weiter. Galilei erfand ein Teleskop, das die Beobachtung der Planetenbewegungen ermöglichte. Kepler entdeckte, dass sich die Planeten auf ovalen (elliptischen) Bahnen um die Sonne drehen und in ihrer Nähe am schnellsten sind.

*Die Linse am Okular dreht das Bild richtig herum.*

*Da die Linsen das Objekt ungefähr 21-mal vergrößern, konnte Galilei nur ein Drittel des Mondes auf einmal sehen.*

*Die Linse des Objektivs vergrößert das Objekt, doch es erscheint verkehrt herum.*

*Mit diesem Teleskop betrachtete Galilei 1609 den Himmel. Da sie klein sind, können die Linsen nur jeweils einen Ausschnitt sichtbar machen.*

*Reich verzierter Teleskopständer*

## Mikroskopie

Robert Hooke (1635–1703) erfand ein mächtiges Mikroskop mit mehreren Linsen (links). Er war der Erste, der das Wort „Zelle" benutzte, um die winzigen Einheiten zu beschreiben, aus denen alle Lebewesen bestehen.

# Die Erkundung des Pazifiks

Die ersten Europäer, die im 16. Jahrhundert den Pazifischen Ozean befuhren, suchten nach einem neuen Seeweg nach Asien. Im 17. Jahrhundert kamen Kaufleute, die mit Gewürzen handeln wollten und in Indonesien Niederlassungen gründeten. Viele Inseln des pazifischen Raums waren den Europäern zu diesem Zeitpunkt noch unbekannt. Dazu gehörte auch Australien, das die niederländischen Seefahrer einfach übersahen oder für Neuguinea hielten. Als erster Europäer betrat Kapitän Cook 1770 den Kontinent. 18 Jahre später trafen 750 britische Sträflinge als erste europäische Siedler in Australien ein.

| LEGENDE | |
|---|---|
| Fernão Magalhães (Magellan) | 1519–21 |
| Álvaro de Mendaña | 1567–69 |
| Abel Tasman | 1642–43 |
| James Cook: Erste Reise | 1768–71 |

**Handel mit Seide**
In Macao lebende portugiesische Händler lieferten den Spaniern auf den Philippinen feinste chinesische Seide.

**Die Überquerung des Pazifiks**
Magellan brauchte vier Monate, um den Pazifischen Ozean zu überqueren. Er ging in Guam an Land und erreichte später die Philippinen, wo er bei einem Gefecht mit Einheimischen ums Leben kam.

**Transpazifischer Handel**
Spanische Galeonen überquerten regelmäßig den Pazifischen Ozean mit Silber aus Acapulco in Mexiko, das sie auf den Philippinen gegen chinesische Seide tauschten.

**Kannibalen**
Als er die Salomonen erreicht hatte, schickte Mendaña Leute an Land, um Wasser zu holen. Sie wurden von Kannibalen angegriffen.

**Aufgelaufen**
Kapitän Cooks Schiff *Endeavour* lief auf dem Barriereriff auf Grund. Kapitän und Mannschaft mussten die Fahrt unterbrechen, um es zu reparieren.

**Batavia**
Batavia war das Hauptquartier der niederländischen Ostindischen Kompanie, die in der Region den Gewürzhandel kontrollierte.

**Malakka**
Die Portugiesen bauten in Malakka eine große Festung, von der aus sie den Seeweg zwischen dem Indischen Ozean und dem Südchinesischen Meer überwachten.

**Aborigines**
Vor der Ankunft der Europäer lebten in Australien etwa 300.000 Aborigines. Nach dem Beginn der europäischen Besiedlung ging ihre Zahl infolge von eingeschleppten Krankheiten und der Brutalität der Siedler rasch zurück.

**Botany Bay**
1788 wurden erstmals 750 britische Sträflinge nach Botany Bay gebracht, damit sie ihre Gefängnisstrafe in Australien verbüßten. Bis man 1868 von dieser Art der Strafe abkam, wurden 160.000 weitere Sträflinge nach Australien verschifft.

**Tasmanien**
Als er die Insel passierte, schickte der niederländische Seefahrer Tasman einen Zimmermann mit einer Flagge an Land. Nach dem Generalgouverneur von Batavia taufte er die Insel „Van-Diemens-Land". Heute wird sie nach ihrem Entdecker Tasmanien genannt.

**Unfreundlicher Empfang**
Als Kapitän Cook und seine Mannschaft auf der Nordinsel Neuseelands an Land gingen, wurden sie von den einheimischen Maori angegriffen. Bei dem Gefecht kamen mehrere Maori ums Leben.

## Der Gewürzhandel

Gewürze wie Muskatnüsse, Nelken und Pfeffer waren in Europa sehr begehrt. Bis ins 16. Jahrhundert hinein erreichten sie Europa nur über das arabische Handelsnetz und waren ausgesprochen teuer. 1519 stach Magellan von Spanien aus in See, um nach den Gewürzinseln (den Molukken) zu suchen. Doch es waren die Portugiesen und später die Niederländer, die den Gewürzhandel mit Europa kontrollierten. Dieses Gemälde (links) stellt die niederländische Handelsniederlassung in Batavia in Indonesien dar.

**Männer über Bord**
Álvaro de Mendaña und seine Leute litten auf der Überfahrt an Hunger und an Skorbut, einer durch den Mangel an Vitamin C verursachten Krankheit. Jeden Tag mussten sie einen Toten über Bord werfen.

**Cooks erste Reise**
1768 bis 1771 unternahm Kapitän Cook seine erste Reise. Er und seine Mannschaft segelten bis Neuseeland und entdeckten dann Australien.

**1500**

**1511** Portugiesen nehmen Malakka und die Malaiische Halbinsel ein.

**1520–21** Als erster Europäer überquert Magellan den Pazifischen Ozean.

**1567–69** Álvaro de Mendaña erkundet den südlichen Pazifik und entdeckt die Salomonen.

**1571** Die Spanier gründen Manila als Hauptstadt der Philippinen.

**1579** Francis Drake überquert den Pazifischen Ozean, indem er von Kalifornien zu den Philippinen segelt.

**1595–96** Álvaro de Mendaña stirbt bei dem Versuch, auf den Salomonen eine spanische Kolonie zu gründen.

**1596** Die Niederländer treffen erstmals auf Java ein.

**1600**

**1602** Gründung der niederländischen Ostindischen Kompanie.

**1605–06** Der niederländische Seefahrer Willem Jantszoon erkundet die Nordküste Australiens, hält sie aber für einen Teil Neuguineas.

**1606–07** Luis de Torres umsegelt Neuguinea und beweist so, dass es eine Insel ist.

**1619** Niederländer nehmen Batavia ein und gründen dort das Hauptquartier der niederländischen Ostindischen Kompanie.

**1623** Die Niederländer vertreiben die Briten von den Gewürzinseln (Molukken).

**1629** Die Niederländer vertreiben die Portugiesen von den Gewürzinseln.

**1641** Die Niederländer nehmen den Portugiesen Malakka ab.

**1642–43** Der Niederländer Abel Tasman entdeckt Van-Diemens-Land, Neuseeland, Fidschi und Tonga.

**1667** Die Niederländer schließen ihre Eroberung der Gewürzinseln ab.

**1684** Die Niederländer erobern den Großteil Javas und den Osten Sumatras.

**1700**

**1700** Die Niederländer beherrschen den europäischen Handel mit Indonesien.

**1768–71** Cooks erste Reise: Er umsegelt Neuseeland und entdeckt Australien.

**1772–75** Cooks zweite Reise: Er erkundet die Antarktis.

**1776–79** Cooks dritte Reise: Er segelt nach Norden, findet einen Zugang zum Nordpolarmeer und entdeckt Hawaii. Dort stirbt er.

**1788** Die ersten britischen Sträflinge landen in Botany Bay in Australien.

**1792** Gründung der ersten britischen Siedlung in Neuseeland.

**1800**

# Der Amerikanische Unabhängigkeitskrieg

Im Jahr 1775 erhoben sich die 13 britischen Kolonien in Nordamerika. Sie protestierten gegen die Versuche Großbritanniens, ihre Freiheit einzuschränken und sie zu besteuern, ohne ihre Vertreter ins Parlament aufzunehmen. Von George Washington angeführt und später auch von den Franzosen unterstützt, erklärten die Siedler 1776 ihre Unabhängigkeit und errangen eine Reihe von Siegen, bis die Briten 1781 aufgaben. Dies war die Geburt einer neuen Nation, der Vereinigten Staaten von Amerika, die sich ursprünglich nur von der Atlantikküste bis zum Mississippi erstreckten. Später dehnten sich die USA immer weiter nach Westen und schließlich bis zum Pazifischen Ozean aus.

**George Washington**
George Washington (1732–1799) war ein Siedler aus Virginia, der in den 1750er-Jahren für die Briten gegen die Franzosen kämpfte. Später befehligte er die amerikanischen Streitkräfte im Kampf gegen die Briten und errang mit ihnen 1781 den Sieg. Als erster Präsident regierte er die Vereinigten Staaten von 1789 bis 1797 mit hohem staatsmännischem Können und großer Entschlossenheit.

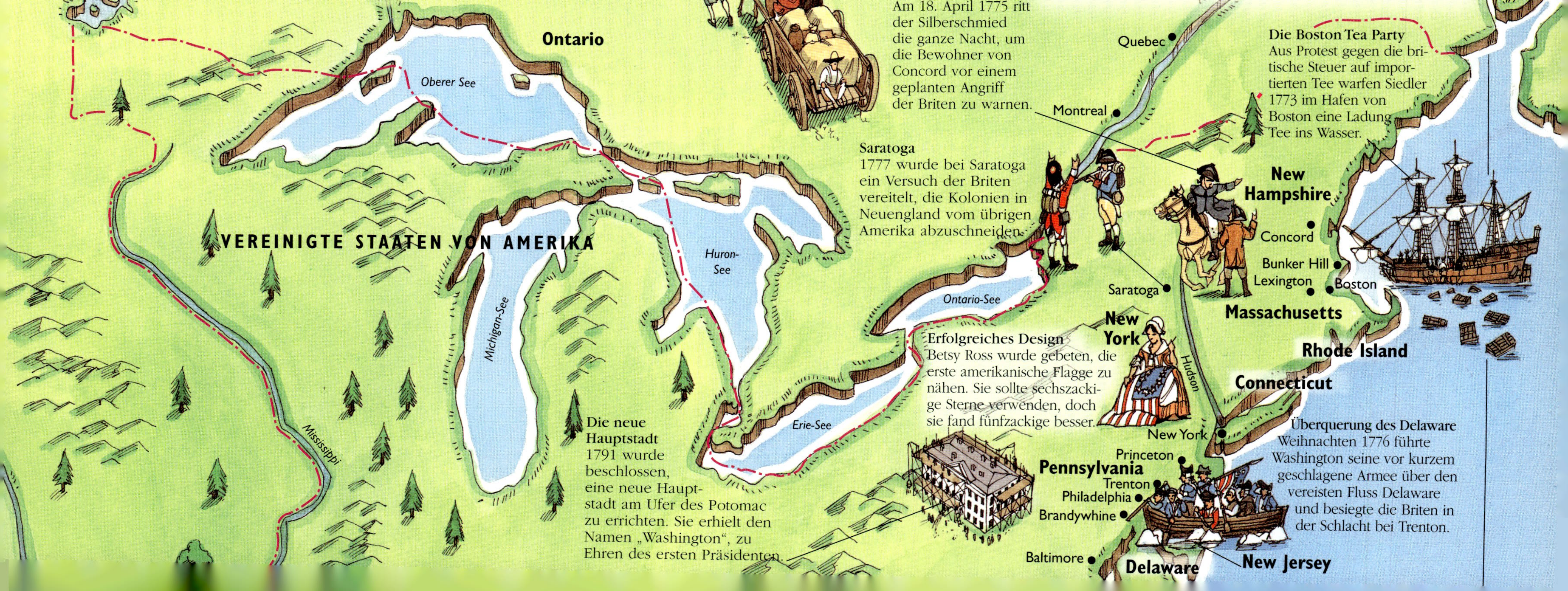


**Loyalisten**
Amerikaner aus New York und South Carolina, die der britischen Krone treu bleiben wollten, flohen zusammen mit Mohawks, die für die Briten gekämpft hatten, nach Kanada. Sie ließen sich in Ontario und am Meer nieder.

**Paul Revere**
Am 18. April 1775 ritt der Silberschmied die ganze Nacht, um die Bewohner von Concord vor einem geplanten Angriff der Briten zu warnen.

**Saratoga**
1777 wurde bei Saratoga ein Versuch der Briten vereitelt, die Kolonien in Neuengland vom übrigen Amerika abzuschneiden.

**Die Boston Tea Party**
Aus Protest gegen die britische Steuer auf importierten Tee warfen Siedler 1773 im Hafen von Boston eine Ladung Tee ins Wasser.

**Erfolgreiches Design**
Betsy Ross wurde gebeten, die erste amerikanische Flagge zu nähen. Sie sollte sechszackige Sterne verwenden, doch sie fand fünfzackige besser.

**Die neue Hauptstadt**
1791 wurde beschlossen, eine neue Hauptstadt am Ufer des Potomac zu errichten. Sie erhielt den Namen „Washington", zu Ehren des ersten Präsidenten.

**Überquerung des Delaware**
Weihnachten 1776 führte Washington seine vor kurzem geschlagene Armee über den vereisten Fluss Delaware und besiegte die Briten in der Schlacht bei Trenton.

## Die amerikanische Verfassung

Die Verfassung von 1787 führte eine demokratische, dreigliedrige Regierung ein: Die gewählten Volksvertreter in Senat und Repräsentantenhaus erließen die Gesetze, und der Oberste Gerichtshof prüfte, ob sie der Verfassung entsprachen. Der indirekt gewählte Präsident schlug Gesetze vor und führte sie aus. Ein Kontrollsystem verhinderte, dass irgendein Teil der Regierung zu mächtig wurde. Die Staatsmacht wurde unter den Regierungen der Staaten und der Bundesregierung aufgeteilt.

**Mount Vernon**
George Washington lebte als Großgrundbesitzer in Virginia. Er verwaltete seinen Besitz von seinem Haus in Mount Vernon aus. Nach seiner Präsidentschaft zog er sich ab 1797 hierher zurück.

**Neue Flagge**
Die 1777 eingeführte neue amerikanische Flagge hatte 13 Streifen und 13 Sterne – je einen für jede der 13 Kolonien, die für ihre Unabhängigkeit kämpften.

*Sklaven bei der Feldarbeit*

**Yorktown**
Nach ihrer Niederlage bei Yorktown im Oktober 1781 gaben die Briten auf.

*Handelsschiff auf dem Weg nach Europa*

**Französische Hilfe**
Die französische Marine beeinflusste entscheidend den Ausgang des Kriegs durch ihren Sieg über eine britische Flotte 1781 vor den Chesapeake Kaps und durch ihre Blockade der Briten in Yorktown.

**Britische Siege**
Die Briten nahmen zwei strategisch wichtige Städte im Süden ein: 1778 Savannah und 1780 Charleston. Dennoch gelang es ihnen nicht, die Amerikaner im Süden zu besiegen.

**Spanische Beteiligung**
Spanien erklärte Großbritannien 1779 den Krieg und forderte seine frühere Kolonie Florida zurück, die es 1763 an die Briten verloren hatte.

## 1760 N. CHR.–1800 N. CHR.

**1760**

**1763** Die amerikanischen Siedler sollen erstmals direkte Steuern an Großbritannien zahlen.

**1765** Durch das Stempelgesetz besteuert Großbritannien alle amerikanischen Zeitungen und juristischen Dokumente.
**1766** Nach verbreitetem Widerstand wird das Stempelgesetz abgeschafft.
**1766** Das Feststellungsgesetz bestätigt Großbritanniens Recht, Gesetze für die 13 Kolonien zu erlassen.

**1770**

**1770** Britische Soldaten töten in Boston fünf Menschen.
**1774** 1. Kontinentaler Kongress (Philadelphia)
**Apr. 1775** Kämpfe in Lexington u. Concord.
**Juni 1775** 2. Kontinentaler Kongress stellt Armee unter George Washington auf.
**Juni 1775** Briten siegen bei Bunker Hill.
**Mai 1776** Amerikanern misslingt Eroberung von Quebec. Sie verlassen Kanada.
**Juli 1776** Kongress beschließt Unabhängigkeitserklärung.
**Sept. 1776** Briten nehmen New York ein.
**Dez. 1776** Washington siegt in der entscheidenden Schlacht bei Trenton.
**1777** Kongress erlässt Konföderationsartikel und gründet Vereinigte Staaten von Amerika.
**Okt. 1777** Briten ergeben sich bei Saratoga.
**1778** Die Franzosen treten auf amerikanischer Seite in den Krieg ein.
**1779** Die Spanier treten auf amerikanischer Seite in den Krieg ein.

**1780**

**Mai 1780** Briten nehmen Charleston ein.
**Juli 1780** Erste französische Verstärkung für amerikanische Armee trifft ein.
**Sept. 1781** Franzosen schlagen britische Flotte bei den Chesapeake Kaps.
**Okt. 1781** Nach ihrer Niederlage bei Yorktown ergeben sich die Briten George Washington.

**1783** Vertrag von Paris: Großbritannien erkennt die amerikanische Unabhängigkeit an.

**1787** Der Verfassungsrat beschließt eine neue Verfassung.
**1788** Die neue Verfassung tritt in Kraft.
**1789** George Washington wird zum ersten Präsidenten gewählt, John Adams ist Vize-Präsident, Thomas Jefferson ist Außenminister.

**1790**

**1791** Gründung der Nationalbank. Wahl der neuen Hauptstadt.
**1792** Gründung einer nationalen Münzanstalt, die Münzen und Banknoten herausgibt.
**1792** Wiederwahl Washingtons zum Präsidenten.

**1797** Washington tritt zurück. John Adams wird Präsident.

**1800**

# Die Französische Revolution

Die Französische Revolution (1789–1799) stellt eines der wichtigsten Ereignisse der europäischen Geschichte dar. Sie beseitigte die Monarchie und den Land besitzenden Adel, baute eine Republik auf und schenkte auch denen, die bis dahin rechtlos gewesen waren, Freiheit und Gleichheit. Manche Bürger in anderen Ländern Europas unterstützten die Revolution, während ihre Länder sie zu bekämpfen versuchten. 1792 fielen ausländische Armeen in Frankreich ein, um den französischen König Ludwig XVI. zu unterstützen. Die Franzosen vertrieben die Eindringlinge und eroberten bald darauf die Niederlande und Italien. Von ihrem General Napoleon Bonaparte angeführt, errang die französische Armee zahlreiche Siege, bis sie 1799 in Italien und Deutschland geschlagen wurde. Napoleons Reaktion darauf bestand darin, als Militärdiktator alle Macht an sich zu reißen. Dies war das eigentliche Ende der Revolution.

**Preußen**
Anfang des 18. Jahrhunderts hatte sich Preußen zum wichtigsten Staat in Nordeuropa entwickelt. Gemeinsam mit Österreich erklärte es Frankreich 1792 den Krieg, um die französische Monarchie wiederherzustellen.

**Die Teilung Polens**
Preußen, Russland und Österreich teilten Polen in den Jahren 1772, 1793 und 1795 unter sich auf. Ihre Unabhängigkeit erlangten die Polen erst 1918 wieder.

**Marie Antoinette**
Marie Antoinette, Tochter der österreichischen Kaiserin, wurde im Alter von 14 Jahren mit dem französischen König Ludwig XVI. verheiratet.

**Oberbefehlshaber**
Dank seiner klugen Feldzüge und seiner Siege in Italien in den Jahren 1796 und 1797 wurde Napoleon zum Oberbefehlshaber der französischen Armee.

**Inselheimat**
Napoleon Bonaparte kam am 15. August 1769 auf der französischen Insel Korsika zur Welt, die bis zum vorangegangenen Jahr zu Genua gehört hatte.

## Die Hinrichtung von König und Königin

Aufgrund der zunehmenden Schulden der Monarchie sah sich Ludwig XVI. im Mai 1789 gezwungen, die Generalstände (das Parlament) einzuberufen, um die Steuern anzuheben. Darüber ärgerten sich die Minister des „Dritten Standes" (der Bürgervertretung) und traten aus dem Parlament aus, um eine Nationalversammlung zu bilden. Ihre Forderungen nach politischer Reform führten im Juli 1789 zum Ausbruch der Revolution. Deren Höhepunkt stellte die Hinrichtung Ludwigs XVI. im Januar 1793 dar. Marie Antoinette, Königin von Frankreich, wurde im Oktober desselben Jahres ebenfalls geköpft (oben).

## 1789 N. CHR.–1800 N. CHR.

**1789**

**Mai** Die Generalstände werden einberufen, gehen aber bald wieder auseinander.
**Juni** Der „Dritte Stand" (Bürger) gründet die Nationalversammlung.
**Juli** Die Pariser stürmen die Bastille.
**August** Die „Erklärung der Menschenrechte" wird veröffentlicht.

**1790**

**1791**

**Juni** Der französische König Ludwig XVI. und Königin Marie Antoinette versuchen, aus Paris zu fliehen.

**1792**

**April** Frankreich erklärt Österreich den Krieg.
**Juli** Frankreich erklärt Preußen den Krieg.
**Sept.** Frankreich schafft die Monarchie ab und wird zur Republik.
**Nov.** Franzosen schlagen Österreicher und nehmen die Österreichischen Niederlande ein.

**1793**

**Jan.** Ludwig XVI. wird hingerichtet.
**Jan.** Zweite Teilung Polens.
**Feb.–März** Frankreich erklärt Großbritannien und der Batavischen Republik den Krieg.
**Feb.** Erste Koalition europäischer Mächte gegen Frankreich wird gebildet.
**März–Okt.** Royalisten-Aufstand (Vendée).

**1794**

**Juni 1793–Juli 1794** Terrorherrschaft Robespierres. Verfolgung der Gegner der Revolution.
**Juni** In der Seeschlacht des „Glorreichen 1. Juni" schlagen die Briten die Franzosen.

**1795**

**Jan.** Die Franzosen erobern die Batavische (niederländische) Republik.
**April** Frieden zwischen Frankreich und Preußen.
**Okt.** Das Direktorium übernimmt in Frankreich die Macht.
**Okt.** Dritte Teilung Polens. Es verliert seine Unabhängigkeit.

**1796**

**Feb.** Britischer Sieg in der Seeschlacht gegen Spanien (einen Verbündeten Frankreichs) vor dem Kap St. Vincent.
**April** Napoleon Bonaparte führt die französischen Truppen im Kampf gegen die Österreicher in Italien.

**1797**

**April, Mai** Zwei Meutereien in der Königlichen Britischen Marine.
**Okt.** Die Briten schlagen die niederländische Flotte bei Camperdown.
**Okt.** Frieden zwischen Österreich und Frankreich.

**1798**

**Juni** Die Union der Iren scheitert mit ihrem Versuch, die Unabhängigkeit von Großbritannien zu erlangen.
**Juli** In der Schlacht bei den Pyramiden schlägt Napoleon die Ägypter.
**Aug.** In der Schlacht am Nil schlägt Nelson Napoleon.

**1799**

**März** Österreich erklärt Frankreich den Krieg.
**März, April** Französische Truppen werden in Deutschland und Italien geschlagen.
**Juni** Großbritannien, Österreich und Russland bilden die Zweite Koalition.
**Nov.** Napoleon stürzt das Direktorium und gründet das dreiköpfige Konsulat.

**1800**

# Register

Dieses Register führt die wichtigsten Persönlichkeiten, Ortsnamen und Stichwörter des Buchs auf. Aus Platzgründen kann es jedoch nicht alle im Buch erwähnten Namen und Begriffe enthalten.

# Danksagung

Der Verlag dankt den folgenden Personen und Institutionen für die freundliche Genehmigung, ihr Bildmaterial zu verwenden. Auf die Suche nach den Inhabern der Urheberrechte wurde größtmögliche Sorgfalt verwendet. Sollten unabsichtlich Inhaber der Urheberrechte nicht oder nicht richtig genannt worden sein, bittet der Verlag um diesbezügliche Informationen, um die Angaben in folgenden Auflagen zu berichtigen. Im Übrigen bleiben die Rechte der Bildinhaber gewahrt.

Abkürzungen: *u* = unten, *m* = Mitte, *l* = links, *r* = rechts

Umschlag: *ol* Bridgeman, *ul* Science Photo, *or* Bridgeman, *ur* Bridgeman;
Seiten 6*ml* Bridgeman Art Library, London/Capitol Collection, Washington; 6–7*u* Corbis/Svenja-Foto Zefa; 6*or* Bridgeman Art Library/Universitätsbibliothek, Göttingen; 7*ol* The Art Archive/Culver Pictures; 7*or* The Art Archive/Gunshots; 9*ol* Bridgeman Art Library/The National Maritime Museum, GB; 11*ul* The Art Archive; 12*ol* Corbis/Gianni Dagli Orti; 13*ul* The Art Archive/Archivo des Indias, Sevilla; 14*ol* Science & Society Picture Library; 14*ml* Bridgeman Art Library/British Library, London; 14*ur* Bridgeman Art Library/Galleria dell'Academia, Florenz; 15*ol* Bridgeman Art Library/Museo degli Argenti, Palazzo Pitti, Florenz; 17*or* Bridgeman Art Library/Privatsammlung; 17*ur* Photolibrary/The Travel Library Ltd; 19*or* The Art Archive/Museum der Stadt Wien/Dagli Orti; 21*u* British Museum; 21*ol* Photolibrary/Jon Arnold Images; 22*ol* The Art Archive; 25*or* Corbis/Keren Su; 25*ur* Bridgeman Art Library/Royal Library, Schweden; 28*ul* Bridgeman Art Library/Private Collection; 31*ol* Corbis/Werner Forman; 32*or* Bridgeman Art Library/Bibliotheque des Artes Decoratifs, Paris; 32*u* The Art Archive; 33*ul* Corbis/Tony Arruzza; 33*ur* The Art Archive; 34*l* Corbis/Burstein Collection; 37*ur* Corbis/Massimo Listri; 38*l* The Art Archive/Institut de France, Paris; 38*r* Bridgeman Art Library/British Library; 39*ol* Science Photo Library/Dr. Jeremy Burgess; 39*ul* Science & Society Picture Library; 39*or* Science Photo Library; 39*ur* Scala/Museo delle Scienze, Florenz; 41*ol* Bridgeman Art Library/Rijksmuseum, Amsterdam; 42*ol* Corbis/Christie's Images; 45*r* Corbis/Gianni Dagli Orti.

Alle Illustrationen Mark Bergin